EUROPA-FACHBUCHREIHE
für wirtschaftliche Bildung

Rechtsanwalts- und Notarfachangestellte

Arbeitsbuch
Lernsituationen

1. Ausbildungsjahr

Behr Cleesattel Engel Garcia Grillemeier Kurrle
Leible Pott Röhr Weiten Wind

4. Auflage

VERLAG EUROPA-LEHRMITTEL
Nourney, Vollmer GmbH & Co. KG
Düsselberger Straße 23
42781 Haan-Gruiten

Europa-Nr.: 72009

Autoren

› Andreas Behr, 55593 Rüdesheim
› Thomas Cleesattel, 74211 Leingarten
› Günter Engel, 74252 Massenbachhausen
› Ulrike Garcia, 74081 Heilbronn
› Sandra Grillemeier, 40479 Düsseldorf
› Birgit Kurrle, 73760 Ostfildern †
› Klaus Leible, 79224 Umkirch
› Elvira Pott, 71336 Waiblingen
› Carolin und Sascha Röhr, 63075 Offenbach a. M.
› Ellen Weiten, 56479 Westernohe
› Isabel Wind, 70565 Stuttgart

Verlagslektorat

› Anke Hahn

4. Auflage 2021

Druck 5 4 3 2 1

Alle Drucke derselben Auflage sind parallel einsetzbar, da sie bis auf die Korrektur von Druckfehlern identisch sind.

ISBN 978-3-8085-4972-8

Umschlag, Satz, Grafiken: Satz+Layout Werkstatt Kluth GmbH, 50374 Erftstadt

Umschlagkonzept: tiff.any GmbH, 10999 Berlin

Umschlagfoto: © Baloncici – shutterstock.com

Druck: ADverts printing house, 1021 Riga (LV)

Vorwort

Das vorliegende **„Arbeitsbuch mit Lernsituationen"** ist ein neu konzipiertes Arbeitsbuch abgestimmt auf den kompetenzorientierten Rahmenlehrplan für die Ausbildungsberufe

- Rechtsanwaltsfachangestellter und Rechtsanwaltsfachangestellte
- Notarfachangestellter und Notarfachangestellte
- Rechtsanwalts- und Notarfachangestellter und Rechtsanwalts- und Notarfachangestellte
- Patentanwaltsfachangestellter und Patentfachanwaltsangestellte.

Die **handlungsorientierten Lernsituationen** sind ausgerichtet auf die Wissensstände der einzelnen Lernfelder des Informationsbandes 1. Ausbildungsjahr. Die Inhalte zielen entsprechend der neuen Lernfeldkonzeption didaktisch auf die Entwicklung einer umfassenden Handlungskompetenz. Ausgerichtet auf den neuen Lehrplan sollen durch die Arbeit an den Lernsituationen alle Phasen einer beruflichen Handlung gedanklich durchdrungen und vollzogen werden. Dazu enthält das Arbeitsbuch nicht nur umfangreiche **Lernsituationen,** sondern auch **Vertiefungsaufgaben** zu jedem Lernfeld. Die Aufgabenstellungen orientieren sich an der anwaltlichen Praxis entnommenen Sachverhalten und gewährleisten, dass der Lernende handlungsorientiert Lösungen erarbeitet. Dabei sind auch Fragestellungen zur Gebührenabrechnung enthalten, sodass die stringente Bearbeitung eines Mandats ab Auftragserteilung bis Honorierung dargestellt wird.

Der Band 1 „Arbeitsbuch mit Lernsituationen" 1. Ausbildungsjahr umfasst die Lernfelder 1–4 des neuen Rahmenlehrplans:

Lernfeld 1: Beruf und Ausbildungsbetrieb präsentieren

Lernfeld 2: Arbeitsabläufe im Team organisieren

Lernfeld 3: Schuldrechtliche Regelungen bei der Vorbereitung und Abwicklung von Verträgen anwenden

Lernfeld 4: Ansprüche außergerichtlich geltend machen

Die Bearbeitung der Fragestellungen vertieft das Verständnis für das Gelernte und fördert den Aufbau von Kompetenzen, die realitätsnah anhand konkreter Mandate umgesetzt werden. Die jeweiligen Ergebnisse sind individuell zu entwickeln und zu formulieren und münden in einem Handlungsprodukt.

Die Briefvordrucke der Modellkanzleien können Sie auf der Internetseite des Verlages zum Programm unter www.europa-lehrmittel.de/72009 herunterladen. Die verfügbaren Vordrucke können Sie leicht mithilfe des Icons ⓓ im Buch finden.

Neu in dieser Auflage

Die Lernsituationen für das 1. Ausbildungsjahr sind in der vorliegenden 4. Auflage in allen Lernfeldern überarbeitet.

Ihr Feedback zu diesem Titel ist uns **wichtig**.

Das Autorenteam freut sich über Hinweise, Anregungen und Unterstützungen durch Kritik oder zustimmende Kommentare und wünscht erfolgreiches Arbeiten mit diesem Werk.

Sommer 2021 — Autoren und Verlag

INHALTSVERZEICHNIS

LERNFELD 1: BERUF UND AUSBILDUNGSBETRIEB PRÄSENTIEREN

LERNFELD 2: ARBEITSABLÄUFE IM TEAM ORGANISIEREN

LERNFELD 3: SCHULDRECHTLICHE REGELUNGEN BEI DER VORBEREITUNG UND ABWICKLUNG VON VERTRÄGEN ANWENDEN

LERNFELD 4: ANSPRÜCHE AUSSERGERICHTLICH GELTEND MACHEN

Modellkanzlei Partnerschaftsgesellschaft	
Name Adresse Postfach	Dr. Schmidt, Gerber & Partner Lindenstraße 20 40477 Düsseldorf Postfach 1 05 66 20
Telefon Telefax	0211 303030 0211 3030333
Webseite E-Mail	www.schmidt-gerber.de zentrale@schmidt-gerber.de nachname@schmidt-gerber.de
Partner	Dr. Lothar Schmidt (interessiert sich auch für die Ausbildung der ReNos) Achim Gerber LL.M Private Wealth Management (Unternehmensnachfolge Erbrecht & Vermögen) Dr. Frauke Hansen – Fachanwältin für Familienrecht Sebastian Gerlach – Fachanwalt für Erbrecht
Angestellte Anwälte	Dr. Sina Hopfe – Fachanwältin für Familienrecht (interessiert sich auch für die Ausbildung der ReNos) Dr. Martin Schweighöfer – Fachanwalt für Erbrecht Caroline Keller Carsten Heiser Dr. Jan Klein Miriam Teske
Angestellte Mitarbeiter	Kirsten John – Bürovorsteherin und Betreuung der Auszubildenden, 41 Jahre alt Marco Hitzfeld – Rechtsanwaltsfachangestellter Daniela Schmitz – Rechtsanwaltsfachangestellte, seit 01.09. in der Kanzlei, hat vorher in einer anderen Kanzlei gearbeitet, 23 Jahre alt Petra Horch – Auszubildende im 1. Ausbildungsjahr, Realschulschabschluss, 17 Jahre alt Ahmet Ince – Auszubildender im 2. Ausbildungsjahr, Realschulabschluss, 20 Jahre alt Marko Häring – Rechtsreferendar Andreas Würz – Rechtsreferendar
Kanzleiprofil	Zivilrecht, insbesondere Familien- und Erbrecht
Umsatzsteuer ID	DE 111111111
Rechtsanwaltskammer	Rechtsanwaltskammer Düsseldorf Freiligrathstraße 25 40479 Düsseldorf Tel.: +49 (0)211 4950-0 Fax: +49 (0)211 49502-28
Bankverbindung	AB Bank IBAN: DE40 3005 0000 1234 5678 91 BIC: BELADED2RGV
Aktenzeichen/ Prozessregisternummer	Beipiel: 02023/15 LS Aufbau: 01 = Strafrecht; 02 = Zivilrecht; 03 = Arbeits- und Sozialrecht; 04 = Öffentliches Recht (Baurecht, Verwaltungsrecht) 05 = Wirtschaftsrecht 023 = laufende Nummer der Akte /15 = Jahr LS = Bearbeitung: Dr. Lothar Schmidt (LS)

Modellkanzlei Sozietät (GbR)	
Name Adresse Postfach	Rechtsanwälte Celine Libs & Philip Karl Habsburgerstraße 733 79104 Freiburg
Telefon Telefax	0761 9346688-0 0761 9346688-88
Webseite E-Mail	www.ra-libs-karl-freiburg.de ra.libs-karl@t-online.de
Rechtsanwälte	Celine Libs, Rechtsanwältin Fachanwältin für Arbeitsrecht Verantwortlich für die Ausbildung der Rechtsanwaltsfachangestellten Philip Karl, Rechtsanwalt Korrespondenz auch in englischer Sprache
Angestellte Anwälte	Keine
Angestellte Mitarbeiter	Petra Dreler – Rechtsanwaltsfachangestelle Gerda Hess – Rechtsanwaltsfachangestellte Maria Weber – Auszubildende zur Rechtsanwaltsfachangestellen
Kanzleiprofil	Zivilrecht, Strafrecht, Arbeitsrecht, Sozialrecht
Umsatzsteuer ID	DE 888888888
Rechtsanwaltskammer	Rechtsanwaltskammer Freiburg Bertoldstraße 44 79098 Freiburg Tel.: +49 (0)761 32563 Fax: +49 (0)761 286261
Bankverbindung	RV Bank Freiburg IBAN: DE11 2222 0000 1298 7654 32 BIC: VOLADED5PVG
Aktenzeichen/ Prozessregisternummer	Beispiel: 2016-02-054-cl Aufbau: Jahr Rechtsgebiet 01 = Strafrecht 02 = Zivilrecht 03 = Arbeitsrecht 04 = Öffentliches Recht 05 = Sozialrecht laufende Nummer der Akte/Rechtsgebiet Bearbeitung: Celine Lips (cl) Bearbeitung: Philip Karl (pk)

LERNFELD 1

Beruf und Ausbildungsbetrieb präsentieren

LERNSITUATION 1:
RECHTLICHE GRUNDLAGEN – EINFÜHRUNG IN DAS RECHT

Petra Horch hat ihren ersten Tag als Auszubildende in der Kanzlei Dr. Schmidt, Gerber & Partner. Als sie die schicken Kanzleiräume betritt und sich am Empfang zum Arbeitsbeginn meldet, ist ihr etwas mulmig zumute. Doch Petras Sorge ist unbegründet, denn sie wird von der Bürovorsteherin Frau John freundlich empfangen. Frau John führt sie durch die Kanzleiräume, stellt ihr die neuen Kollegen vor und zeigt ihr den Arbeitsplatz. Als Petra sich gegen Nachmittag mit allen bekannt gemacht und an ihrem Arbeitsplatz eingerichtet hat, kommt Frau John noch einmal zu ihr: „Petra, für den ersten Arbeitstag hast du schon ganz schön viele Eindrücke gesammelt. Bevor du morgen mit den ersten kleinen Aufgaben beginnst, möchte ich mich mit dir über das Thema Recht unterhalten. Du hast dir bestimmt schon ein paar Gedanken dazu gemacht als du dich für den Beruf entschieden hast, daher werde ich dich zunächst fragen, was du schon dazu weißt und dir dann eine kleine Einführung ins Recht geben."

Petra möchte auf Frau John einen guten Eindruck machen und bereitet sich deshalb auf das Gespräch vor. Helfen Sie ihr dabei.

Arbeitsaufträge

1. Petra überlegt zunächst, welche einführenden Fragen Frau John ihr zum Thema Recht stellen könnte. Formulieren Sie mögliche Fragen.

2. Auch wenn die Frage „Was ist Recht?“ sehr allgemein ist, möchte Petra dazu etwas sagen können. Unterbreiten Sie einen Vorschlag.

3. Falls Frau John nach den Funktionen des Rechts fragt, möchte Petra ihr die drei wichtigsten Funktionen je anhand eines Beispiels erläutern können. Informieren Sie sich in Ihrem Informationsband und notieren Sie dazu Stichworte.

4. Außer den Gesetzen kennt Petra keine Rechtsquellen. Informieren Sie sich z. B. in Ihrem Informationsband und geben Sie ihr einen Überblick, indem Sie die folgende Tabelle ausfüllen.

Rechtsquellen			
Geschriebenes Recht	**Rechtsprechung**	**Gewohnheitsrecht**	**Sitte, Moral, Religion**
Gesetze werden vom parlamentarischen Gesetzgeber (___) in dem im Grundgesetz vorgesehenen Verfahren erlassen. Es gibt ___- und ___gesetze.	Sie erfolgt durch die ___, genauer gesagt durch die Richter. Sie äußern in ___ oder ___ ihre Rechtsauffassung, die sich nur auf einen speziellen Fall bezieht. Ein rechtskräftiges Urteil bindet daher nur die im ___ (= Urteilskopf, vergleichbar mit Betreffzeile) aufgeführten Parteien des Rechtsstreits und nicht etwa alle ___. Zudem muss sich ein anderes Gericht nicht an die Rechtsauffasung des einen Gerichts halten und kann in einem ähnlich gelagerten Fall genau andersherum entscheiden. In der Praxis werden jedoch in der Regel ___ Entscheidungen (von den Bundesgerichten) von den Landesgerichten (Amts-, Land- und Oberlandesgericht) als Leitfaden herangezogen.	Dieses sogenannte ___ Recht entstand ohne schriftliche Fixierung durch langjährige Übung, wodurch es allgemein anerkannt wurde. Es darf allerdings nicht gegen das ___ Recht verstoßen. Auch heute wird das menschliche Verhalten in unterschiedlichem Umfang von ungeschriebenen Regeln bestimmt, die nicht ___ sind. Die in ihnen verankerten ___ werden in unsere Gesetze transportiert, sodass das Gewohnheitsrecht selbst nur noch ___ zur Anwendung kommt.  © Fineas – Fotolia.com	Unter **Sitte** versteht man Regeln, die aufgrund von ___ und ___ ein nicht erzwingbares Verhalten steuern. Beispiel: ___ ___ ___
Rechtsverordnungen werden von der ___ auf der Grundlage einer ___ erlassen. Zuständig hierfür ist die Bundes- oder die jeweilige Landes ___. Sie kann Einzelheiten zur konkreten ___ des Gesetzes regeln und ist detaillierter und damit ___.			**Moral** bezeichnet die persönlichen ___ aufgrund von eigener Überzeugung, ___ oder Auffassung über ___ Verhaltensweisen. Beispiel: ___ ___ ___
Satzungen sind Regelungen, die von ___ ___ ___ ___ (z. B. Gemeinde, Universität) oder privaten Vereinen zur Regelung ihrer eigenen Angelegenheiten erlassen werden. Im Gegensatz zur Rechtsverordnung ist die Satzung nicht ___.			**Religion** findet über religiöse Wertvorstellungen, die unser ___ prägen Einzug ins geschriebene Recht. Beispiel: ___ ___ ___ ___ ___ ___ ___

5. Zu den Unterteilungen des Rechts hat Petra einige Schlagwörter und Aussagen im Internet recherchiert. Ordnen Sie die Aussagen sinnvoll zu.

regelt die Durchsetzung einer Forderung – Recht gilt auch außerhalb des deutschen Staatsgebiets – Regelung kann von den Beteiligten nicht abgeändert werden – Gleichordnungsverhältnis – konkreter Rechtsanspruch einer Person – Über- und Unterordnungsverhältnis – regelt rechtlichen Inhalt einer Forderung – regelt spezielle Fälle – Regelung kann von den Beteiligten übereinstimmend geändert werden – Gesamtheit aller Rechtsnormen – Recht gilt nur in einem Staatsgebiet – generelle Regelungen mit übergeordnetem Charakter

Privates Recht	Öffentliches Recht
Materielles Recht	**Formelles Recht**
Zwingendes Recht	**Nachgiebiges Recht**
Objektives Recht	**Subjektives Recht**
Allgemeines Recht	**Spezielles Recht**
Nationales Recht	**Internationales Recht**

Übungsaufgaben zur Einführung ins Recht

1. Bitte ordnen Sie zu, ob es sich bei den folgenden Gesetzen um formelles oder materielles Recht handelt.

Gesetz	formell	materiell
Grundgesetz (GG)	❑	❑
Insolvenzordnung (InsO)	❑	❑
Verwaltungsverfahrensgesetz (VwVfG)	❑	❑
Verwaltungsgerichtordnung (VwGO)	❑	❑
Strafprozessordnung (StPO)	❑	❑
Zivilprozessordnung (ZPO)	❑	❑
Handelsgesetzbuch (HGB)	❑	❑
Zwangsversteigerungsgesetz (ZVG)	❑	❑

2. Von den nachfolgenden Aussagen zum geschriebenen Recht sind jeweils eine oder mehrere Aussagen richtig. Kreuzen Sie die richtige(n) Aussage(n) an.

(1)	
Die Rechtsverordnung ist eine Rechtsnorm, die von Exekutivorganen aufgrund einer Ermächtigungsgrundlage erlassen wird.	❑
Die Satzung ist eine Rechtsnorm, die von Exekutivorganen aufgrund einer Ermächtigungsgrundlage erlassen wird.	❑
Bundesgesetze werden vom Bundestag und Bundesrat in dem in der Verfassung dafür vorgesehenen Verfahren erlassen.	❑
Die Regierung darf nur eine Rechtsverordnung erlassen, wenn ein Gesetz sie dazu ermächtigt.	❑
Das BGB ist ein Landesgesetz, welches vom Landtag NRW erlassen wurde.	❑

(2)	
Im Gegensatz zur Rechtsverordnung ist die Satzung nicht staatlich.	❑
Die Erlaubnis zum Erlass einer Satzung ergibt sich aus dem Gesetz.	❑
Die Rechtsanwaltskammer gibt sich zur Regelung ihrer eigenen Angelegenheiten eine Satzung.	❑
Die Gemeinde regelt ihre Angelegenheiten durch Rechtsverordnungen.	❑
Gibt eine Universität sich eine Satzung, so ist diese im Amtsblatt bekannt zu geben.	❑

(3)	
Gesetze werden von der Bundeskanzlerin in einem förmlichen Gesetzgebungsverfahren erlassen und vom Bundespräsidenten unterschrieben.	❑
HGB und ZPO sind Gesetze.	❑
Eine Rechtsverordnung kann in den meisten Fällen schneller als ein Gesetz erlassen werden.	❑
Die Verordnung unterscheidet sich nicht durch ihren Inhalt oder ihre Bindungswirkung, sondern durch den Normgeber von den formellen Gesetzen.	❑
Ein Gesetz kann Einzelheiten zur konkreten Durchführung einer Verordnung regeln und ist detaillierter und damit spezieller als ein Gesetz.	❑

3. Zeigen Sie auf, in welcher Weise auf dem Fußballfeld die drei Funktionen des Rechts (Ordnungsfunktion, Sicherheitsfunktion und Ausgleichsfunktion) betroffen sind.

4. Entscheiden Sie durch verbinden, ob es sich in den folgenden Fällen um zwingendes oder nachgiebiges Recht handelt.

a)	Frau Kleine kauft von ihrer Nachbarin ein Notebook und vereinbart mit ihr abweichend von den gesetzlichen Gewährleistungsrechten in § 437 BGB einen Haftungsausschluss für Mängel an der Kaufsache.		**Zwingendes Recht**
b)	Herr Vossen verpflichtet sich gegenüber Frau Lorenz, ein genau bezeichnetes Grundstück zu kaufen. Dieser Vertrag ist nach § 311 b BGB notariell zu beurkunden.		
c)	Der Verkäufer einer Sofagarnitur räumt dem Käufer statt der gesetzlich vorgesehenen 2-jährigen Verjährungsfrist für Sachmängel 3 Jahre ein.		**Dispositives Recht**
d)	Rita bestellt im Internet-Versandhandel eine Jeans. Nach § 312 d BGB hat der Online-Versandhandel Rita ein Widerrufsrecht von 14 Tagen einzuräumen.		

LERNSITUATION 2: RECHTLICHE GRUNDLAGEN – PERSONEN DER RECHTSPFLEGE

© ihorzigor – Fotolia.com

Petra hat in den ersten Tagen in der Kanzlei Dr. Schmidt, Gerber & Partner schon viel erlebt: Sie durfte Rechtsanwältin Frau Dr. Hansen zu einer Gerichtsverhandlung begleiten und konnte den Richter bei der Arbeit beobachten. Heute wurden nur Zeugen vernommen und kein Urteil gesprochen. Beim anschließenden Besuch auf der Geschäftsstelle des Amtsgerichts sprach Dr. Hansen mit einem Rechtspfleger über ein Scheidungsverfahren. Sie war etwas ärgerlich und meinte: „An dem Fall ist schon der Mediator gescheitert." Der Rechtspfleger scherzte: „Tja, eine Scheidung ist schneller vom Tisch, wenn man vorher einen Ehevertrag beim Notar aufsetzt." Frau Dr. Hansen lachte zwar, erklärte Petra aber auf dem Rückweg in die Kanzlei, dass der Fall weniger lustig sei und sie wegen Gewaltvorwürfen in der Ehe sogar die Staatsanwaltschaft eingeschaltet habe. Zurück im Büro spricht Petra mit Ahmet über ihre Erlebnisse. Ahmet ist schon im 2. Ausbildungsjahr und erzählt: „Oh, ihr habt mit einem Rechtspfleger gesprochen! Wenn ich bei Gericht anrufe, meldet sich meist ein Justizfachangestellter oder ein Urkundsbeamter der Geschäftsstelle." Petra fragt: „Hattest du auch schon mal mit einem Gerichtsvollzieher zu tun?" Ahmet: „Ja, aber meistens rufe ich den Gerichtsvollzieher nicht direkt an, sondern die Gerichtsvollzieher-Verteilerstelle beim Amtsgericht. Die leiten den Vollstreckungsauftrag dann einem Gerichtsvollzieher zu." „Aha, so läuft das! Und mit wem hattest du bisher sonst noch zu tun?" Ahmet: „Natürlich häufig mit Rechtsanwälten der Gegenpartei, aber manchmal rufen auch Patentanwälte oder Steuerberater an." Nach Feierabend lässt Petra sich die Eindrücke des ersten Tages nochmal durch den Kopf gehen: So viele Rechtsberufe, aber wer macht eigentlich was?

Arbeitsaufträge

1. Petra sind in den ersten Tagen bereits zehn Personen der Rechtspflege begegnet, die in der oben genannten Situation genannt werden. Zählen Sie diese zunächst auf.

© fotomek – Fotolia.com

2. Helfen Sie Petra dabei, sich einen Überblick über die verschiedenen Personen der Rechtspflege zu verschaffen. Bilden Sie dazu Kleingruppen mit höchstens drei Personen und erstellen Sie am PC jeweils zu einem anderen Organ der Rechtspflege einen Flyer. Inhaltlich sollten Sie auf die Stellung, Aufgaben, ggfs. Rechte und Pflichten, den Werdegang oder sonstige wichtige Aspekte des Organs Bezug nehmen. Zur Veranschaulichung können Sie Bilder, Aufzählungszeichen, Diagramme oder Ähnliches einfügen. In Anlage 1 finden Sie eine Arbeitsanleitung zur Erstellung eines sechsseitigen Faltblattes mit Wickelfalz.

Anlage 1: Arbeitsanleitung zur Erstellung eines Flyers

Legen Sie die Spaltenbreite und Zeilenhöhe Ihrer Tabelle über das **Kontexttool** TABELLENTOOLS/LAYOUT, **Gruppe** TABELLE, **Schaltfläche** EIGENSCHAFTEN, **Registerblatt** ZEILE bzw. SPALTE genau fest.

Registerblatt ZEILE:

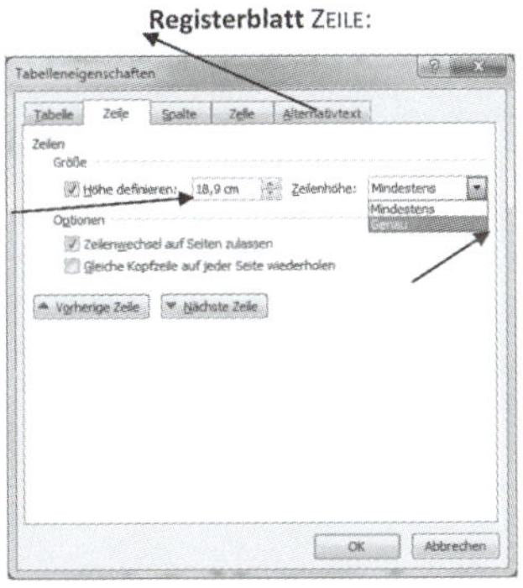

Registerblatt SPALTE:

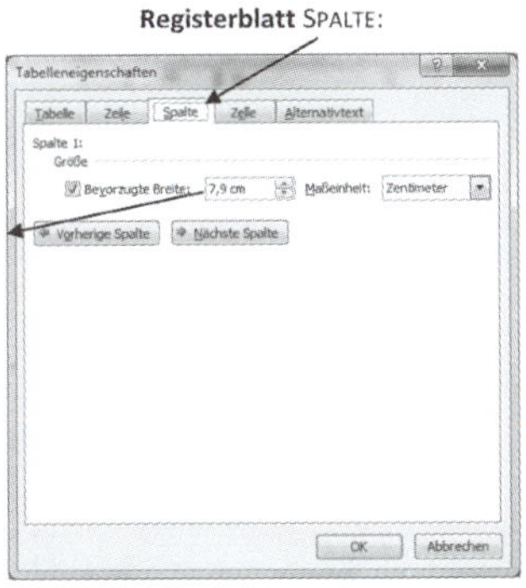

Drucken des Faltblattes

Wenn Sie einen **Duplexdrucker** verwenden, aktivieren Sie die Funktion für den **beidseitigen Druck**. Wenn Sie den **beidseitigen Druck manuell** durchführen, legen Sie das Papier erneut in den Drucker ein, nachdem Sie die erste Seite gedruckt haben, z. B. in den manuellen Einzugsschacht. Wie Sie die zweite Seite für den Druck einlegen müssen, hängt vom Druckermodell ab. Beispiel:

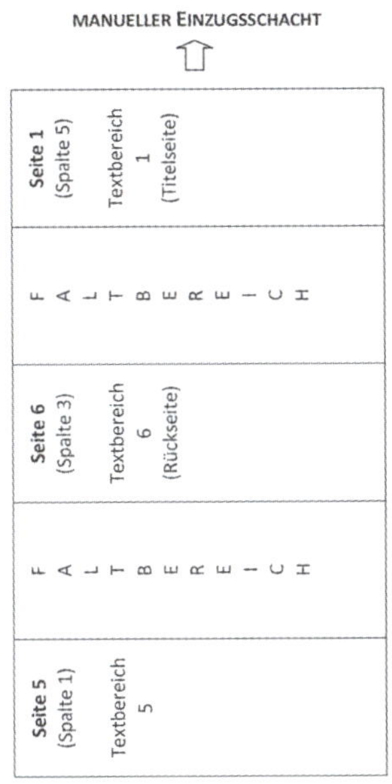

Lernfeld 1

Die Personen der Rechtspflege

für das Erstellen eines sechsseitigen Faltblattes mit Wickelfalz

Bei sechsseitigen Faltblättern wird das A4-Blatt **quer** genommen und so geteilt, dass jede Seite über **drei Text- und zwei Faltbereiche** verfügt. Stellen Sie die **Seitenränder** Ihrer Seite ein:

Oben:	1 cm	Links:	1 cm
Unten:	1 cm	Rechts:	1 cm

Die Aufteilung des Blattes erfolgt mithilfe einer **Tabelle,** die aus **5 Spalten** und **1 Zeile** besteht: **Register** EINFÜGEN, **Gruppe** TABELLEN **Schaltfläche** TABELLE.

Legen Sie für die Tabelle über das **Kontexttool** TABELLENTOOLS/LAYOUT, **Gruppe** ZELLENGRÖSSE, **Schaltfläche** AUTOANPASSEN, die Eigenschaft FESTE SPALTENBREITE fest, damit sich die Spaltenbreite nicht ungewollt verändert.

Entfernen Sie die druckbaren Rahmenlinien: **Kontexttool** TABELLENTOOLS/ENTWURF, **Gruppe** TABELLENFORMATVORLAGEN, Listenpfeil der **Schaltfläche** RAHMEN, **Befehl** KEIN RAHMEN. Blenden Sie für Ihre Orientierung innerhalb der Tabelle die Rasterlinien ein: **Kontexttool** TABELLENTOOLS/LAYOUT, **Gruppe** TABELLE, **Schaltfläche** RASTERLINIEN ANZEIGEN.

Formatieren Sie die Absatzmarke unterhalb der Tabelle in Schriftgrad 1. So vermeiden Sie einen unnötigen Seitenumbruch. Kopieren Sie Ihre erste Tabelle, wenn Sie sie fertig formatiert haben, und fügen Sie sie an dieser Stelle ein. Geben Sie Ihre Inhalte in die Textbereiche der Tabellen ein.

Beachten Sie bei der Gestaltung Ihres Faltblattes die Reihenfolge der gefalteten Seiten:

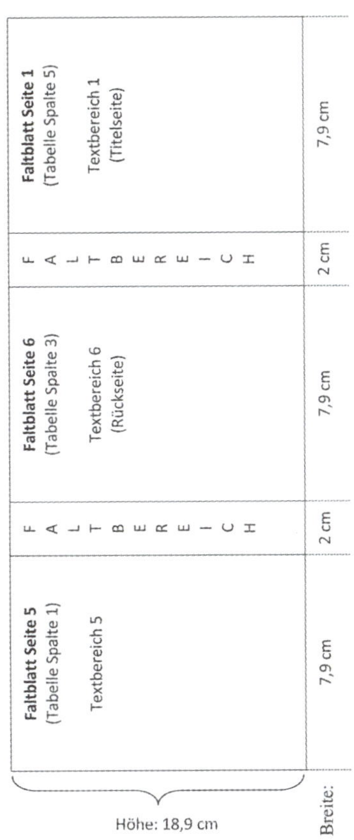

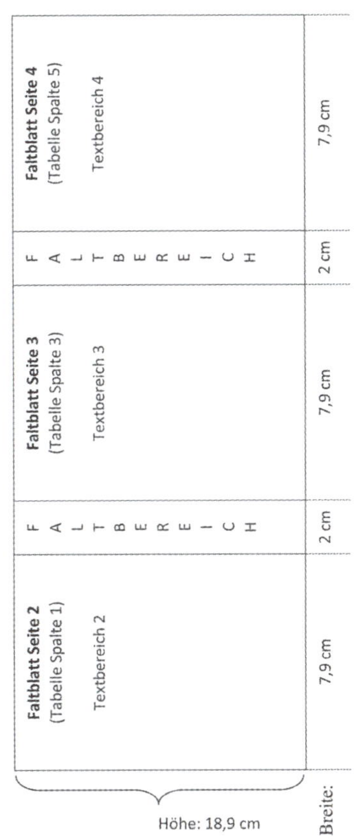

3. Präsentieren Sie gruppenweise Ihre Arbeitsergebnisse vor der Klasse und gehen Sie dabei im Dreischritt vor: Geben Sie zuerst Ihren Flyer durch die Klasse. Erläutern Sie im zweiten Schritt Inhalt und Aufbau des Flyers. Machen Sie deutlich, welche Aspekte Ihnen inhaltlich besonders wichtig waren. Wo gab es Schwierigkeiten bei der Recherche, der Einigung innerhalb der Gruppe, dem Layout oder der Umsetzung am PC? Fordern Sie die Klasse im dritten Schritt zu mindestens einer inhaltlichen Frage auf, die Sie mündlich beantworten.

4. Evaluieren Sie die Arbeitsergebnisse aller Gruppen anhand einer Feedbackrunde. Welcher Flyer hat Ihnen am besten gefallen und warum? Welche Gruppen haben durch ihre Präsentation überzeugt und warum? Äußern Sie auch Verbesserungsvorschläge.

5. Zählen Sie weitere Personen der Rechtspflege auf, die in der Lernsituation nicht genannt sind.

Alternative zur Arbeit am PC:

Sollten Sie nicht die Möglichkeit haben, in ihrem Klassenraum an einem PC zu arbeiten, stellen Sie alternativ zu Aufgabe 1 die verschiedenen Personen der Rechtspflege in einem Rollenspiel vor. Dazu bilden Sie ebenfalls Kleingruppen, die jeweils ein anderes Organ der Rechtspflege bearbeiten. In der Gruppe recherchieren Sie inhaltlich ebenfalls zu Stellung, Aufgaben, Werdegang sowie Rechten und Pflichten und halten ihre Arbeitsergebnisse schriftlich fest. Anschließend wählen Sie ein Gruppenmitglied aus, das die Ergebnisse vor der Klasse präsentiert. Dazu versetzen Sie sich in die Rolle der jeweiligen Person der Rechtspflege und stellen sich vor. „Ich bin Rechtspfleger. Zu meinen Aufgaben gehört ...“.

Übungsaufgaben zu Organe der Rechtspflege

1. Überprüfen Sie die folgenden Aussagen zu den Personen der Rechtspflege. Tragen Sie die Ziffer 1 = richtig oder die Ziffer 9 = falsch ein.

Aussage	1 oder 9
Es gibt Berufsrichter und Laienrichter. An der Urteilsfindung wirken nur Berufsrichter mit.	
Der Richter ist an Weisungen seines Vorgesetzten nur gebunden, wenn sie die ordnungsgemäße Amtsführung betreffen, nicht aber seine richterlichen Entscheidungen.	
Der Staatsanwalt hat den dienstlichen Weisungen seines Vorgesetzten nachzukommen. Er ist im Gegensatz zum Richter nicht persönlich unabhängig.	

Aussage	1 oder 9
Die Staatsanwaltschaft ermittelt von Amts wegen sobald sie Kenntnis von einer Straftat erlangt hat (Anklagebehörde). Sie hat aber auch dafür zu sorgen, dass die in einem rechtskräftigen Urteil verhängte Strafe auch vollstreckt wird (Vollstreckungsbehörde).	
Die Hauptaufgabe eines Rechtsanwalts ist es, seinem Mandanten mit rechtsstaatlichen Mitteln zu seinem Recht zu verhelfen. Dazu muss er seine Auftraggeber über die Rechtslage, seine Erfolgschancen, die Möglichkeiten einer Beweissicherung und die anfallenden Kosten sowie das Kostenrisiko beraten.	
Der Rechtsanwalt kann, muss sich aber nicht einer Rechtsanwaltskammer anschließen. Ist er Kammermitglied, so hat er dort die Möglichkeit, einen Fachanwaltstitel zu erwerben.	
Jurastudenten können sich nach Bestehen des 2. Staatsexamens als Notar niederlassen.	
Der Patentanwalt hat ein Jurastudium absolviert und hat sich naturwissenschaftlich fortgebildet.	
Nach § 15 a EGZPO können die Länder durch eigene Gesetze bestimmen, dass eine Klage erst zulässig ist, wenn bei einem Mediator versucht wurde, den Streit einvernehmlich beizulegen.	
Der Urkundsbeamte der Geschäftsstelle und der Rechtspfleger können beide an demselben Gericht tätig sein. Sie haben ähnliche Aufgaben, wobei die Aufgaben des Rechtspflegers weitreichender sind. Er ist Beamter im gehobenen Dienst, wohingegen der Urkundsbeamte der Geschäftsstelle Beamter regelmäßig im mittleren Dienst ist.	

2. Erläutern Sie, warum der „normale“ Beamtenstatus nicht mit dem Richteramt vereinbar ist.

3. Der Zivilrichter Kurt Weiler bekommt einen Fall auf den Tisch, in dem sein Schwager vom Autohaus Kleine wegen ausstehender Ratenzahlungen verklagt wird. Begründen Sie, welchen Antrag das Autohaus stellen kann und auf welche Vorschrift es sich dabei berufen kann.

LERNSITUATION 3:
RECHTLICHE GRUNDLAGEN – DIE GERICHTSBARKEITEN

Auszubildende Petra hat von Bürovorsteherin Frau John eine Einführung zum Anlegen von Akten erhalten und ihr häufiger dabei zugeschaut. Die Kanzlei Dr. Schmidt, Gerber & Partner hat zur internen Verwendung folgende Aktenzeichen festgelegt:

01 = Strafrecht

02 = Zivilrecht

03 = Arbeits- und Sozialrecht

04 = Öffentliches Recht (Baurecht, Verwaltungsrecht)

05 = Wirtschaftsrecht (Steuern)

Heute soll Petra zum ersten Mal selbst Akten anlegen und hat dazu folgende Mail von Frau John erhalten:

Eingang Gesendet Entwürfe

An: horch@schmidt-gerber.de 26.08.2015, 10:53 Uhr
Kopie:
Betreff: Akten ordnen
Von: john@schmidt-gerber.de

Liebe Petra,

bitte ordne folgende Fälle unseren Aktenzeichen zu und vermerke, welches Gericht sachlich zuständig ist.

1. Die Sanitär Schulze OHG klagt gegen Frau Reischert wegen einer offenen Werklohnforderung auf 4.000,00 €.
2. Walter Schönau klagt gegen Christian Wenner ein Schmerzensgeld in Höhe von 9.000,00 € aus einer Schlägerei in einer Kölner Diskothek ein.
3. Thomas Berthold legt gegen ein Zivilurteil des Landgerichts Köln Berufung ein.
4. Mia Vossen macht Ansprüche in Höhe von 2.800,00 € gegen ihre Krankenkasse geltend.
5. Tobias Schnellenkamp möchte den von ihm gegründeten Verein „9 Kegelfreunde" ins Vereinsregister eintragen lassen.
6. Jens Escher ist Erbe seines verstorbenen Onkels und beantragt einen Erbschein.
7. Gegen Florentine Stein ist in zweiter Instanz vom Landgericht Köln ein Zivilurteil ergangen, gegen das sie Revision einlegt.
8. Gudrun Fiemel wendet sich mit Berufung gegen ein erstinstanzliches Urteil, das die Ablehnung ihrer Baugenehmigung einer Garage durch das Bauamt bestätigt.
9. Christian Neumann klagt letztinstanzlich wegen eines Einkommensteuerbescheids auf 18.000,00 €.
10. Emrah Yildiz legt gegen ein Zivilurteil des Landgerichts München Sprungrevision ein.
11. Svetlana Weiss klagt gegen ihren Arbeitgeber London Consulting Group wegen rückständigen Arbeitslohns in Höhe von 4.000,00 €.

Arbeitsaufträge

1. Helfen Sie Petra und entscheiden Sie in den genannten Fällen, um welchen Gerichtszweig es sich handelt, welches Aktenzeichen zu vergeben ist und welches Gericht sachlich zuständig ist. Halten Sie Ihre Ergebnisse in der folgenden Tabelle fest:

Fall	Gerichtszweig	Aktenzeichen	Sachliche Zuständigkeit
1			
2			
3			
4			
5			
6			
7			
8			
9			
10			
11			

2. Petra überlegt, ob Fälle aus allen Gerichtsbarkeiten mit den von der Kanzlei festgelegten Aktenzeichen erfasst werden können. Zählen Sie zunächst die Gerichtszweige der ordentlichen und besonderen Gerichtsbarkeit auf und entscheiden Sie dann, ob und wenn ja welche Gerichtsbarkeiten fehlen.

Ordentliche Gerichtsbarkeit	Besondere Gerichtsbarkeit

Es fehlen:

3. Petra hat im Berufsschulunterricht von der besonderen Rolle der Verfassungsgerichtsbarkeit gehört. Erläutern Sie diese und stellen Sie fest, inwiefern die Kanzlei mit der Verfassungsgerichtsbarkeit in Berührung kommen könnte.

4. Petra fällt auf, dass einige der von ihr anzulegenden Fälle der freiwilligen und andere der streitigen Gerichtsbarkeit zuzuordnen sind. Nehmen Sie die Zuordnung vor und stellen Sie anhand von Kennzeichen die Unterschiede zwischen beiden Gerichtsbarkeiten dar.

Streitige Gerichtsbarkeit	Freiwillige Gerichtsbarkeit
Kennzeichen:	Kennzeichen:
Fälle:	Fälle:

5. Petra hat jetzt so viele Informationen bzw. Unterscheidungen zum Thema Gerichtsbarkeiten gehört, dass ihr der Kopf schwirrt. Ordnen Sie die gesammelten Informationen, indem Sie zusammenfassend eine Mindmap erstellen.

Petra hat alle Akten richtig angelegt und erhält ein dickes Lob von Frau John. Per E-Mail bekommt sie auch die nächste Aufgabe:

Eingang Gesendet Entwürfe

An: horch@schmidt-gerber.de 26.08.2015, 10:53 Uhr
Kopie:
Betreff: Vermerk ergänzen
Von: john@schmidt-gerber.de

Liebe Petra,

das hat ja toll geklappt, vielen Dank! Ich habe hier noch einige weitere Fälle für dich. Diesmal sind die Akten schon angelegt, aber es fehlt jeweils der Vermerk zum sachlich zuständigen Gericht. Würdest du ihn ergänzen?

1. In Sachen Werner ./. Schmidt klagt Herr Werner wegen einer Kaufpreisforderung in Höhe von 5.100,00 €. Schmidt zahlt nicht, weil er den Kaufvertrag über ein gebrauchtes Fahrrad für nichtig hält.
2. Im o.g. Fall ergeht ein Urteil, mit dem Schmidt zur Zahlung verurteilt wird. Er geht in Berufung.
3. Der Vormieter Fred Freese macht per Mahnbescheid eine Kaufpreisforderung in Höhe von 6.200,00 € gegen seinen Nachmieter Robert Geiss geltend, da er die vertraglich übernommene Designerküche nicht bezahlt hat.
4. Frau Brezl ist Vermieterin einer Wohnung und macht gegen Mieter Kurt Wiegand eine Forderung in Höhe von 6.000,00 € wegen rückständiger Miete geltend.

Vielen Dank

Kirsten John

6. Helfen Sie Petra und legen Sie unter Angabe der passenden Vorschrift fest, welches Gericht in den Fällen sachlich zuständig ist.

Fall	Sachlich zuständiges Gericht	§§
1		
2		
3		
4		

Übungsaufgaben

1. Füllen Sie den Lückentext zur Gerichtsbarkeit sinnvoll mit folgenden Begriffen:

   Instanz – Gerichte – europäische – Justizverwaltung – Rechtspflege – Gerichtszweig – Rechtsweg – internationalen – Rechtsordnung

© tunedin – Fotolia.com

   Unter Gerichtsbarkeit wird die auf Verwirklichung der bestehenden ______________ gerichtete Tätigkeit der Gerichte verstanden. Sie ist unterteilt in Tätigkeit der ______________ und die der ______________. Daher werden als Gerichtsbarkeit im engeren Sinne die Gerichte bezeichnet, die der Rechtsprechung oder der sonstigen ______________ dienen. Es gibt auf internationaler Ebene eine Vielzahl von Gerichten, wobei die ______________ Gerichtsbarkeit von der sonstigen ______________ Gerichtsbarkeit zu unterscheiden ist. Daneben gibt es die nationale Gerichtsbarkeit. Für den Kläger stellt sich also die Frage, welcher ______________ einer Gerichtsbarkeit für seine Klage die richtige ist. Dies wird als ______________ bezeichnet. Die häufigsten Formulierungen sind die von der „Eröffnung des Rechtswegs“ zu einem bestimmten Gericht oder die „Beschreitung des Rechtswegs“. Eine Frage der näheren Ausgestaltung des Rechtswegs ist es, welche ______________ innerhalb des jeweiligen Gerichtszweigs eröffnet ist.

2. Überprüfen Sie die folgenden Aussagen zur internationalen, europäischen und deutschen Gerichtsbarkeit. Tragen Sie die Ziffer 1 = richtig oder die Ziffer 9 = falsch ein.

Aussage	1 oder 9
Europäische Gerichte werden auch als supranationale Gerichte bezeichnet.	
Voraussetzung für die internationale Gerichtsbarkeit ist, dass die beteiligten Staaten ihre Rechtsprechungsgewalt auf die überstaatliche Organisation übertragen, welche das Gericht trägt, und ihre Souveränität insoweit aufgeben.	
Der Internationale Gerichtshof in Straßburg ist das Hauptrechtsprechungsorgan der Vereinten Nationen.	
Das Gerichtssystem der Europäischen Union umfasst drei Gerichtszweige: den Gerichtshof, das Gericht und die Europäische Menschenrechtskonvention.	
Der EuGH ist das oberste rechtsprechende Organ der EU und hat zwei Standorte: in Straßburg und in Luxemburg.	
Unter anderem prüft der EuGH in Zusammenarbeit mit den Gerichtsinstanzen der Mitgliedstaaten, ob das Recht der EU in allen Mitgliedstaaten angewendet wird.	
Das Gericht der Europäischen Union ist für alle Rechtssachen zuständig, die nicht an die Fachgerichte oder direkt an den Gerichtshof verwiesen werden.	
Durch die Fachgerichte wurde unterhalb des EuGH und des Gerichts der Europäischen Union eine zusätzliche Instanz für besondere Sachbereiche geschaffen.	
Der deutschen Gerichtsbarkeit liegt das Prinzip der Gewaltenteilung zugrunde, welches im Grundgesetz verankert ist. Danach erlässt die Exekutive Gesetze, die Legislative erlässt Rechtsverordnungen und der Judikativen obliegt die Rechtsprechung.	
Zu einem rechtsstaatlichen Verfahren gehören selbstständige Gerichte, die mit unabhängigen Richtern besetzt sind.	

3. Ergänzen Sie die Aussagen zum Bundesverfassungsgericht sinnvoll.

   a) Das Bundesverfassungsgericht sitzt in ______________.

   b) Es ist das höchste deutsche Gericht und prüft die Vereinbarkeit von Gesetzen mit der ______________.

   c) Sind Gesetze oder Urteile nicht mit dem Grundgesetz vereinbar, erklärt das Bundesverfassungsgericht sie als ______________.

   d) Obwohl das Bundesverfassungsgericht die Entscheidungen anderer Gerichte kontrolliert, gehört es nicht zum ______________.

   e) Verfassungswidrige Urteile hebt das Bundesverfassungsgericht nicht auf, sondern verweist die Sache zur nochmaligen Überprüfung an die ______________ zurück.

   f) Entscheidungen des Bundesverfassungsgerichts ______________ alle Verfassungsorgane des Bundes und der Länder sowie alle Verwaltungsbehörden und Bürger.

   g) Das Bundesverfassungsgericht hat je zwei Senate mit je ______________ Richtern.

4. Erläutern Sie kurz die drei Verfahrensarten vor dem Bundesverfassungsgericht.

Verfahrensart 1:	Verfahrensart 2:	Verfahrensart 3:

5. Erläutern Sie den 4-stufigen Aufbau der ordentlichen Gerichtsbarkeit anhand des Schaubilds.

Amtsgericht	
Zivilverfahren: Einzelrichter	Strafverfahren: Strafrichter oder Schöffengericht

↓

Landgericht	
Zivilverfahren: Zivilkammer oder Kammer für Handelssachen	Strafverfahren: Kleine Strafkammer oder Große Strafkammer

↓

Oberlandesgericht	
Zivilverfahren: Zivilsenate	Strafverfahren: Strafsenate

↓

Bundesgerichtshof
Oberster Gerichtshof des Bundes (Art. 95 Abs. 1 OG) 12 Zivilsenate, 5 Strafsenate sowie 8 weitere Senate für Spezialgebiete

LERNSITUATION 4:
DEN AUSBILDUNGSBETRIEB ANGEMESSEN PRÄSENTIEREN UND FEEDBACK GEBEN

© iDraw – Shutterstock.com

Ahmet Ince ist 20 Jahre alt und macht seit einem Jahr eine duale Berufsausbildung zum Rechtsanwaltsfachangestellten. Bislang hat er alle ihm aufgetragenen Aufgaben zur vollsten Zufriedenheit erledigt. Er kennt sich gut mit Word und Power Point aus und hat gezeigt, dass er auch gut umfassendere Arbeiten erledigen kann. Mit ihm zusammen arbeitet Petra Horch als Auszubildende in der Kanzlei, diese hat die Ausbildung gerade erst begonnen. Beide teilen sich zusammen ein kleines Büro.

Einmal in der Woche treffen sich der Partner Dr. Lothar Schmidt, die angestellte Anwältin Dr. Sina Hopfe, die Bürovorsteherin Kirsten John und die Auszubildenden im Konferenzraum, um über die Ausbildung, die bestehenden Probleme und offenen Fragen zu sprechen. Beim wöchentlichen Treffen in dieser Woche stellt Dr. Sina Hopfe für die nächste Woche die Aufgabe, dass jeder Auszubildende die bisherigen Gegebenheiten über die Kanzlei präsentieren soll und dass abschließend ein gegenseitiges Feedback zu geben ist. Hier soll auch einfließen, welche Aufgaben Kanzlei und Berufsschule übernehmen und warum diese Aufteilung sinnvoll ist. Ahmet ist jetzt schon aufgeregt. Er kennt sich zwar mit den möglichen Computer-Programmen aus, hat jedoch bislang noch wenig Erfahrung mit Präsentationen. Unterstützen Sie Ahmet bei der Vorbereitung auf die Präsentation.

Arbeitsaufträge

1. Ahmets Ausbildung findet wie die meisten in Deutschland im dualen Ausbildungssystem statt. Ahmet hat folgende Gegenüberstellung in der Berufsschule besprochen. Diese möchte er auch für die Präsentation nutzen.

Das duale Ausbildungssystem

Lernortkooperation

Lernort Kanzlei

Hier
- … unterschreiben Sie Ihren Ausbildungsvertrag.
- … haben Sie Ihren Arbeitsplatz.
- … erhalten Sie evtl. innerbetrieblichen Unterricht.
- … erfahren Sie die praktische Ausbildung und haben Mandantenkontakt.

Ihre Ausbilderinnen und Ausbilder nutzen
- Ausbildungsordnung,
- Ausbildungsrahmenplan,
- BBiG.

Hier sind Sie
Auszubildende/r
(gemäß Ausbildungsvertrag).

Lernort Berufsschule

Hier
- … sitzen Sie mit mehreren Mitschülerinnen und Mitschülern gemeinsam in einem Klassenraum.
- … erhalten Sie unabhängig von Ihrer Kanzlei gemeinsam eine theoretische Ausbildung.

Ihre Lehrerinnen und Lehrer nutzen
- Rahmenlehrplan,
- Stundenplan,
- einheitliche Absprachen bezüglich des Lehrstoffs in den anderen Klassen,
- Schulgesetze.

Hier sind Sie
Berufsschülerin/Berufsschüler
(Sie haben Schulpflicht).

Überlegen Sie sich mit einem Partner, welche Vor- und Nachteile diese Art der Ausbildung mit sich bringt. (Überlegen Sie zum Beispiel, was es bedeuten könnte, wenn die Ausbildung wie in anderen Ländern, nur in der Kanzlei oder nur in der Schule stattfinden würde.)

Vorteile	Nachteile

2. Informieren Sie sich im Internet über den Aufbau einer Präsentation. Überlegen Sie, welche Informationen für Sie in den Einstieg, Hauptteil und Schluss gehören.

Gliederungspunkt	Sinnvolle Informationen
Einstieg	
Hauptteil	
Schluss	

3. Ahmet hat unter allen Präsentationsmöglichkeiten die Präsentation per Plakat, mithilfe von Power Point oder als normale Folie (gestaltet entweder per Hand oder Word) eingegrenzt. Erörtern Sie grundsätzlich die Vor- und Nachteile dieser Präsentationsarten.

	Präsentationsart		
	Präsentation mit Folien über Overheadprojektor	Präsentation mit Plakat	Präsentation mithilfe von Power Point
Darauf ist zu achten:			
Vorteile/ Chancen:			
Nachteile/ Gefahren:			

4. Entscheiden Sie, welche Präsentationsmöglichkeit Sie anstelle von Ahmet wählen würden und begründen Sie Ihre Entscheidung.

5. Nach der Präsentation sollen sich die Auszubildenden eine gegenseitige Rückmeldung (Feedback) geben.

Ein Feedback soll

- die grundsätzliche Situation (hier: die Präsentation) beschreiben.
- das persönliche Gefühl wiedergeben.
- Ich-Botschaften senden (Ich habe gesehen, dass …; auf mich hat es … gewirkt).
- erst positive Dinge, dann die verbesserungsfähigen Dinge nennen.
- am Ende nochmals das Positive kurz herausstellen.

Um Präsentationen besser vergleichbar zu machen und die Beobachtung während des Vortrags zu erleichtern, gibt es die Möglichkeit, einen Feedbackbogen zu erstellen, der Merkmale festlegt, welche während der Präsentation zu beobachten sind. Diskutieren Sie mit einem Partner verschiedene Beobachtungsmerkmale und vervollständigen Sie den Feedbackbogen auf der nachfolgenden Seite mit Ihren wichtigsten Merkmalen.

6. Bereiten Sie sich auf Ihre Präsentation und ein abschließendes Feedback vor.

   a) Erläutern Sie kurz die „Duale Berufsausbildung" und stellen Sie die Vor- und Nachteile gegenüber.

   b) Stellen Sie Ihre Kanzlei mit deren Besonderheiten vor.

   c) Präsentieren Sie Ihre Ergebnisse.

   d) Kommentieren Sie die Präsentation Ihrer Mitschülerinnen und Mitschüler unter Zuhilfenahme des von Ihnen erarbeiteten Feedbackbogens.

Unser Beobachtungsbogen

Beobachtungsmerkmale	1	2	3	4	5	Weitere Notizen
Aufbau der Präsentation						
Verständlichkeit der Präsentation						
Gestaltung des Vortrags						
Sprechgeschwindigkeit und Betonung						

LERNSITUATION 5: EINEN AUSBILDUNGSVERTRAG ERSTELLEN UND AUF SEINE RECHTMÄSSIGKEIT ÜBERPRÜFEN

Es ist montags 9.00 Uhr in der Rechtsanwaltskanzlei Dr. Schmidt, Gerber & Partner. Die beiden Auszubildenden Petra und Ahmet sitzen in ihrem Büro und schreiben Diktate für Dr. Schmidt. Dann betritt die Ausbildungsleiterin Kirsten John das Büro und berichtet, dass die Kanzlei noch eine zusätzliche Auszubildende zur Rechtsanwaltsfachangestellten einstellen möchte. Der Einstellungstest und die Gespräche sind bereits erfolgt und die Kanzlei hat sich auch bereits für die 19-jährige Abiturientin Janina Förster, wohnhaft in der Gartenstr. 25 in 40479 Düsseldorf, entschieden, die zum 01.08.xx eingestellt werden soll. Janina hat die deutsche Staatsangehörigkeit und wurde am 09.10.xx in Fulda geboren.

Arbeitsaufträge

1. Ahmet, der sich bereits im 2. Ausbildungsjahr befindet, soll direkter Ansprechpartner der neuen Auszubildenden sein und auch Auskunft über den Ausbildungsvertrag geben.

   Um auch entsprechend vorbereitet zu sein, lädt sich Ahmet auf der Seite der Rechtsanwaltskammer Düsseldorf (Ausschnitt siehe unten) einen Vordruck zum Berufsausbildungsvertrag herunter. Da aus dem Gesetz nur hervorgeht, dass die Vergütung „angemessen" sein soll, liest er auch aus eigenem Interesse die Empfehlung der Rechtsanwaltskammer Düsseldorf durch (siehe unten). Ahmet informiert sich nun mihilfe des Gesetzes, mit welchen Inhalten der Berufsausbildungsvertrag an den entsprechend zu ergänzenden Stellen eigentlich zu füllen ist oder ob - wie bei der Vergütung - eigentlich nichts im Gesetz steht.

   Weiterhin möchte er für Janina ein Merkblatt mit den Rechten und Pflichten für Auszubildende erstellen.

KONTAKT I DOWNLOADS I NEWS I FORTBILDUNG

Rechtsanwaltskammer Düsseldorf
Körperschaft des öffentlichen Rechts

Suche

Die Kammer | Für Mitglieder | Für Mandanten | Karriere

Referendarausbildung
RA-Fachangestellte
Vergütungsempfehlungen
Ausbildungsförderung
Kontakt
Ausbildungsplätze
Ausbildungsverträge/Formulare
Rechtsfachwirte
Anwaltspraktikum
Stellenbörse
Berufsfelderkundung

Vergütungsempfehlungen der Rechtsanwaltskammer

Bei Beginn der Ausbildung zwischen dem 01.01.2021 und dem 31.12.2021, monatlich

1. Ausbildungsjahr brutto 688,00 Euro
2. Ausbildungsjahr brutto 812,00 Euro
3. Ausbildungsjahr brutto 930,00 Euro

Bei Beginn der Ausbildung zwischen dem 01.01.2022 und dem 31.12.2022, monatlich

1. Ausbildungsjahr brutto 732,00 Euro
2. Ausbildungsjahr brutto 863,00 Euro
3. Ausbildungsjahr brutto 988,00 Euro

Bei Beginn der Ausbildung zwischen dem 01.01.2023 und dem 31.12.2023, monatlich

1. Ausbildungsjahr brutto 775,00 Euro
2. Ausbildungsjahr brutto 915,00 Euro
3. Ausbildungsjahr brutto 1.047,00 Euro

Die aktuellen Empfehlungen beruhen auf der Beschlussfassung des Vorstandes der Rechtsanwaltskammer Düsseldorf vom 14.04.2021 nach Vorschlag des Berufsbildungsausschusses in seiner Sitzung vom 24.03.2021. Sie gelten ab dem 01.07.2021 für alle neu einzutragenden Ausbildungsverträge. Näheres lesen Sie in den KammerMitteilungen Nr. 2 /2021, S. 26.

Nach § 17 BBiG n.F. darf die Ausbildungsvergütung den Mindestlohn, der seit dem 01.01.2020 auch für Auszubildende gilt, nicht unterschritten werden. Den Wortlaut des § 17 BBiG n.F. finden Sie hier.

https://www.rak-dus.de/karriere/ra-fachangestellte/verguetungsempfehlungen/

Berufsausbildungsvertrag

a) Zwischen der ausbildenden Kanzlei

Ausbilder/Ausbilderin:

b) Zwischen dem ausbildenden Berufsträger

– nachstehend „der Ausbildende" genannt –

und dem/der Auszubildenden

Straße

in

Schulabschluss

geb. am in

Staatsangehörigkeit

gesetzlich vertreten durch

Straße

in

Telefon

– nachstehend „der Auszubildende" genannt –

wird dieser Vertrag zur Ausbildung im Ausbildungsberuf

- Rechtsanwaltsfachangestellte(r)
- Rechtsanwalts- und Notarfachangestellte(r) [1)]

nach Maßgabe der Verordnung über die Berufsausbildung zum Rechtsanwaltsfachangestellten / zur Rechtsanwaltsfachangestellten, zum Notarfachangestellten / zur Notarfachangestellten, zum Rechtsanwalts- und Notarfachangestellten / zur Rechtsanwalts- und Notarfachangestellten und zum Patentanwaltsfachangestellten / zur Patentanwaltsfachangestellten (ReNoPat-Ausbildungsverordnung – ReNoPatAusbV) vom 23. November 1987 (Bundesgesetzblatt I, 2392) in der jeweils gültigen Fassung geschlossen.

§ 1 Ausbildungsdauer

1. Vorgeschriebene Ausbildungsdauer

1 Die Ausbildungsdauer beträgt gemäß § 2 der ReNoPat-Ausbildungsverordnung Jahre.

Hierauf wird angerechnet:

a) eine vorangegangene Ausbildung (§ 7 Abs. 1 BBiG)

mit 0 Monaten;

b) die Berufsausbildung im Ausbildungsberuf

bei

mit 0 Monaten.

Auf gemeinsamen Antrag des Ausbildenden und des Auszubildenden hat die Rechtsanwaltskammer mit Bescheid vom die Ausbildungszeit um gekürzt (§ 8 Abs. 1 Satz 1 BBiG).

Auf Antrag des Auszubildenden hat die Rechtsanwaltskammer die Ausbildungszeit mit Bescheid vom um verlängert (§ 8 Abs. 2 BBiG).

1) Nur möglich bei Anwaltsnotaren und Notaranwälten, wenn nicht eine Vereinbarung gemäß § 10 dieses Vordrucks getroffen ist.

Das Berufsausbildungsverhältnis

beginnt am

und endet am .

2. Probezeit

Die Probezeit beträgt Monate[2)]. Wird die Ausbildung während der Probezeit für mehr als ein Drittel der Zeit unterbrochen, so verlängert sich die Probezeit um den Zeitraum der Unterbrechung. 2

3. Vorzeitige Beendigung des Ausbildungsverhältnisses

Besteht der Auszubildende vor Ablauf der unter Nr. 1 vereinbarten Ausbildungszeit die Abschlussprüfung, so endet das Berufsausbildungsverhältnis mit dem Tag der Bekanntgabe des Prüfungsergebnisses.

4. Vereinbarte Verlängerung des Ausbildungsverhältnisses [3)]

Findet die für den Auszubildenden nächstmögliche Abschlussprüfung erst nach Ablauf der in Nr. 1 vorgesehenen Ausbildungszeit statt, so verlängert sich das Ausbildungsverhältnis bis zum Tag der Feststellung des Prüfungsergebnisses. Die Vertragsschließenden beantragen, diese Verlängerung gemäß § 8 Abs. 2 Berufsbildungsgesetz durch die Eintragung zu genehmigen.

5. Gesetzliche Verlängerung des Ausbildungsverhältnisses

Besteht der Auszubildende die Abschlussprüfung nicht, so verlängert sich das Berufsausbildungsverhältnis auf sein Verlangen bis zur nächstmöglichen Wiederholungsprüfung, im Falle des Nichtbestehens der Wiederholungsprüfung bis zu einer eventuell zulässigen erneuten Wiederholungsprüfung, höchstens jedoch um insgesamt ein Jahr. Das Verlangen ist innerhalb angemessener Frist nach der Mitteilung über das Nichtbestehen der Abschlussprüfung gegenüber dem Ausbildenden zu stellen.

§ 2 Ausbildungsstätte

Die Ausbildung findet vorbehaltlich der Regelungen in § 3 Nr. 12 und § 10 in der Kanzlei des Ausbildenden statt.

§ 3 Pflichten des Ausbildenden

Der Ausbildende verpflichtet sich,

2) Gesetzliche Höchstdauer: 4 Monate, Mindestdauer: 1 Monat.

3) Diese Verlängerungsvereinbarung ist genehmigungspflichtig: sie braucht nicht getroffen und kann gestrichen werden. Erläuterungen hierzu enthält das Merkblatt.

§ 4 Pflichten des Auszubildenden

§ 5 Vergütung und sonstige Leistungen

1. Höhe und Fälligkeit der Vergütung

   Die Vergütung beträgt monatlich

   Euro brutto im 1. Ausbildungsjahr

   Euro brutto im 2. Ausbildungsjahr 3

   Euro brutto im 3. Ausbildungsjahr

   Euro brutto im 4. Ausbildungsjahr

   Eine über die vereinbarte regelmäßige tägliche Ausbildungszeit hinausgehende Beschäftigung wird besonders vergütet oder durch entsprechende Freizeit ausgeglichen.

   Die Vergütung ist spätestens am letzten Ausbildungstag des Monats zu zahlen.

   Die auf die Urlaubszeit entfallende Vergütung wird vor Antritt des Urlaubs ausgezahlt.

   Die Beiträge für die Sozialversicherung tragen die Vertragschließenden nach Maßgabe der gesetzlichen Bestimmungen.

2. Kosten für Maßnahmen außerhalb der Ausbildungsstätte

   Für Maßnahmen außerhalb der Ausbildungsstätte, die von der Rechtsanwaltskammer oder vom Ausbildenden angeordnet oder die in § 3 Nr. 12 vereinbart sind, trägt der Ausbildende die notwendigen Kosten, soweit der Auszubildende nicht einen anderweitigen Anspruch auf Übernahme der Kosten hat.

3. Berufskleidung

   Wird vom Ausbildenden eine Berufskleidung vorgeschrieben, so wird sie von ihm zur Verfügung gestellt.

4. Fortzahlung der Vergütung

   Dem Auszubildenden ist die vereinbarte Vergütung auch zu zahlen

   1. für die Zeit der Freistellung nach § 3 Nr. 5, 9 und 11 dieses Vertrags,
   2. bis zur Dauer von 6 Wochen, wenn er
      a) sich für die Berufsausbildung bereithält, diese aber ausfällt, oder
      b) aus einem sonstigen, in seiner Person liegenden Grund unverschuldet verhindert ist, seine Pflichten aus dem Berufsausbildungsverhältnis zu erfüllen.

   Die Fortzahlung der Vergütung im Falle unverschuldeter Krankheit, einer Maßnahme der medizinischen Vorsorge oder Rehabilitation, einer Sterilisation oder eines Abbruchs der Schwangerschaft richtet sich nach den jeweils geltenden Bestimmungen des Entgeltfortzahlungsgesetzes. Können Auszubildende während der Zeit, für welche die Vergütung fortzuzahlen ist, aus berechtigtem Grund Sachleistungen nicht abnehmen, so sind diese nach den Sachbezugswerten (§ 17 Abs. 2 BBiG) abzugelten.

§ 6 Tägliche Ausbildungszeit und Urlaub

1. Tägliche Ausbildungszeit[4]

4 Die regelmäßige tägliche Ausbildungszeit beträgt ______

2. Dauer des Erholungsurlaubs

Die Dauer des Urlaubs (je Kalenderjahr) beträgt[6]

______ Werktage im Jahre ______

5 ______ Werktage im Jahre ______

______ Werktage im Jahre ______

______ Werktage im Jahre ______ [7]

3. Lage des Urlaubs, Erwerbsarbeit

Der Urlaub soll zusammenhängend und in der Zeit der Berufsschulferien erteilt und genommen werden. Während der Urlaubszeit darf der Auszubildende keine dem Urlaubszweck widersprechende Erwerbsarbeit leisten.

§ 7 Kündigung

1. Kündigung während der Probezeit

Während der Probezeit kann das Berufsausbildungsverhältnis

6 ______

2. Kündigung nach der Probezeit

Nach der Probezeit kann das Berufsausbildungsverhältnis nur gekündigt werden

7 ______

3. Form der Kündigung

Die Kündigung muss schriftlich und im Falle der Nr. 2 unter Angabe des Kündigungsgrundes erfolgen.

4. Frist für Kündigung aus wichtigem Grund

Eine Kündigung aus einem wichtigen Grund ist unwirksam, wenn die ihr zugrunde liegenden Tatsachen dem zur Kündigung Berechtigten länger als 2 Wochen bekannt sind. Ist ein außergerichtliches Güteverfahren vor einer außergerichtlichen Stelle eingeleitet, so wird bis zu dessen Beendigung der Lauf der Frist gehemmt.

5. Schadensersatz bei vorzeitiger Vertragsauflösung

Wird das Berufsausbildungsverhältnis nach Ablauf der Probezeit vorzeitig gelöst, so kann der Ausbildende oder Auszubildende Ersatz des Schadens verlangen, wenn der andere den Grund für die Auflösung zu vertreten hat. Das gilt nicht bei Kündigung wegen Aufgabe oder Wechsels der Berufsausbildung (Nr. 2 b). Der Anspruch erlischt, wenn er nicht innerhalb von 3 Monaten nach Beendigung des Berufsausbildungsverhältnisses geltend gemacht wird.

6. Betriebsaufgabe, Wegfall der Ausbildungseignung

Bei Kündigung des Berufsausbildungsverhältnisses wegen Betriebsaufgabe oder wegen Wegfalls der Ausbildungseignung verpflichtet sich der Ausbildende, sich mithilfe der Berufsberatung der zuständigen Agentur für Arbeit rechtzeitig um eine weitere Ausbildung des Auszubildenden im bisherigen Ausbildungsberuf in einer anderen geeigneten Ausbildungsstätte zu bemühen.

4) Bei Jugendlichen ist gemäß § 8 JArbSchG die Höchstdauer der täglichen Arbeits-/Ausbildungszeit 8 Stunden (Pausen nicht mitgerechnet).

5) Bei berechtigtem Interesse kann ein gemeinsamer Antrag des Ausbildenden und des Auszubildenden auf Verkürzung der täglichen oder wöchentlichen Ausbildungszeit gestellt werden (Teilzeitberufsausbildung), wenn zu erwarten ist, dass der Auszubildende das Ausbildungsziel in der gekürzten Zeit erreicht.

6) Der jährliche Urlaub für Jugendliche beträgt gemäß § 19 Abs. 2 JArbSchG: mindestens 30 Werktage, wenn der Jugendliche zu Beginn des Kalenderjahres noch nicht 16 Jahre alt ist,
mindestens 27 Werktage, wenn der Jugendliche zu Beginn des Kalenderjahres noch nicht 17 Jahre alt ist,
mindestens 25 Werktage, wenn der Jugendliche zu Beginn des Kalenderjahres noch nicht 18 Jahre alt ist.
Für Volljährige beträgt der jährliche Urlaub gemäß § 3 Abs. 1 BUrlG mindestens 24 Werktage.

7) Wird der Auszubildende im laufenden Kalenderjahr über 6 Monate hinaus beschäftigt, so steht ihm der gesamte Jahresurlaub zu.

§ 8 Zeugnis

Der Ausbildende hat dem Auszubildenden bei Beendigung des Berufsausbildungsverhältnisses ein Zeugnis auszustellen. Die elektronische Form ist ausgeschlossen. Hat der Ausbildende die Berufsausbildung nicht selbst durchgeführt, so soll auch der Ausbilder das Zeugnis unterschreiben. Es muss Angaben enthalten über Art, Dauer und Ziel der Berufsausbildung sowie über die erworbenen beruflichen Fertigkeiten, Kenntnisse und Fähigkeiten des Auszubildenden. Auf Verlangen des Auszubildenden sind auch Angaben über Führung, Leistung und besondere fachliche Fähigkeiten aufzunehmen.

§ 9 Beilegung von Streitigkeiten

Ist bei der Rechtsanwaltskammer zur Beilegung von Streitigkeiten aus einem bestehenden Berufsausbildungsverhältnis ein Ausschuss gemäß § 111 Abs. 2 des Arbeitsgerichtsgesetzes gebildet, so ist vor Inanspruchnahme des Arbeitsgerichts dieser Ausschuss anzurufen.

§ 10 Sondervereinbarung bei Ausbildung zum/zur Rechtsanwalts- und Notarfachangestellten durch einen (Nur-) Rechtsanwalt

Durch Mitunterzeichnung dieses Vertrags verpflichtet sich

Notar ______

vom: ______ bis: ______

die Fachausbildung im Ausbildungsbereich Notariat in seiner Kanzlei nach Maßgabe des Ausbildungsplans und des individuellen Ausbildungsplans durchzuführen. Er übernimmt für die Zeiten der Ausbildung in diesem Ausbildungsbereich alle Rechte und Pflichten dieses Vertrags.

§ 11 Sonstige Vereinbarungen

______

Rechtswirksame Nebenabreden, die das Berufsausbildungsverhältnis betreffen, können nur durch schriftliche Ergänzung im Rahmen des § 11 dieses Vertrags getroffen werden.

Ergänzend gelten die Tarifverträge, Betriebs- und Dienstvereinbarungen, die auf das Berufsausbildungsverhältnis Anwendung finden.

Dieser Vertrag ist in 3 (bei Mündeln 4) gleichlautenden Ausfertigungen ausgestellt[8] und von den Vertragschließenden eigenhändig unterschrieben worden.

______, den ______

Der/Die Ausbildende/n:

Stempel und Unterschrift

Stempel und Unterschrift

Der/Die Auszubildende:

Unterschrift (Vor- und Zuname)

Die gesetzlichen Vertreter des Auszubildenden:
(Falls ein Elternteil verstorben, bitte vermerken)

Vater: ______

und

Mutter: ______

oder

Vormund: ______

Unterschriften (Vor- und Zuname)

8) Nach § 11 Abs. 3 BBiG haben Ausbildende den Auszubildenden und deren gesetzlichen Vertretern eine Ausfertigung der unterzeichneten Vertragsniederschrift unverzüglich auszuhändigen.

2. Helfen Sie Ahmet bei der Erledigung seiner Aufgabe und füllen Sie die offenen Felder aus dem Musterarbeitsvertrag aus. Recherchieren Sie dazu in den unten angegebenen Gesetzen. Verwenden Sie die nachfolgende Tabelle.

Inhalt	Gesetz	Paragraf	Inhalt
1	BBiG ReNoPatAusbV		
2	BBiG		
3	BBiG Empfehlung RAK Düsseldorf		
4	ArbZG JArbSchG		
5	BUrlG JArbSchG	§§ 3, 5	
6	BBiG		
7	BBiG		

3. Entwerfen Sie ein Informationsblatt über die jeweiligen Pflichten eines Auszubildenden und eines Ausbildenden (Kanzlei). Untermauern Sie dieses mit den entsprechenden Paragrafen. Nutzen Sie dazu die nachstehende Übersicht. Recherchieren Sie auch hier im Berufsbildungsgesetz.

Auszubildender	Paragraf	Ausbildender (Kanzlei)	Paragraf
Die jeweiligen Pflichten der einen Seite sind die jeweiligen Rechte der anderen Seite.			

4. Füllen Sie den vorne abgedruckten Ausbildungsvertrag (Seite 33–35) nach Ihren Vorstellungen und unter Berücksichtigung der gesetzlichen Vorgaben aus. Besprechen Sie Ihr Ergebnis in der Gruppe.

© empics – Shutterstock.com

5. Ahmet überlegt, ob der Ausbildungsvertrag mit Janina Förster unbedingt schriftlich geschlossen werden muss oder ob eine lediglich mündliche Vereinbarung auch genügen würde. Informieren Sie sich hierzu im Berufsbildungsgesetz (BBiG).

Weitere Aufgaben

Hätte das sein dürfen? Nehmen Sie zu folgenden Situationen auf Grundlage des BBiG Stellung.

1. Ahmet prahlt vor seinen Freunden, dass er Zugang zu den spannenden Akten seines Nachbarn Wilfried Hinterbauer hat, der wegen Steuerhinterziehung angeklagt ist.

2. Herr Dr. Schmidt verbietet Petra wegen der vielen Arbeit und der Urlaubszeit den Berufsschulbesuch.

3. Janina meint, dass ihre 13 Schuljahre genug für die Ausbildung sind und bittet Frau John, sie vom Berufsschulbesuch freizustellen.

4. Marco Hitzfeld bringt eines Tages seine Tochter zur Arbeit mit und verlangt von Janina, ihr Nachhilfe in Mathematik zu geben.

5. Frau John fragt Ahmet nach seinem Berichtsheft. Dieser antwortet, dass er dieses vor einem halben Jahr im Urlaub verloren hätte.

6. Frau John erwischt Petra während der Ausbildungszeit beim Chatten in Facebook, obwohl Sie die Akte sortieren soll.

7. Janina benötigt für ihre Ausbildung verschiedene Gesetzestexte. Frau John lässt ihr von Herrn Dr. Schmidt ausrichten, dass dieser die Gesetze nicht bezahlen möchte. Janina soll sich ihr Ausbildungsmaterial selbst bezahlen.

8. Petra hat in letzter Zeit viel mit der Angelegenheit um Fußballstar Henry Lehbauer zu tun und freut sich, dass sich ein junger Journalist dafür interessiert.

9. Die Auszubildende Janina (19 Jahre) geht zweimal in der Woche je 6 Stunden zur Berufsschule. Sie soll an beiden Tagen nach der Schule in die Kanzlei kommen. „Das war schon immer so", sagt Frau John.

LERNSITUATION 6:
FÜR DIE DURCHSETZUNG SEINER RECHTE IST MAN NIE ZU JUNG – REGELUNGEN DES JUGENDARBEITSSCHUTZES UND ARBEITSZEITGESETZES ÜBERPRÜFEN

Petra Horch, 17 Jahre alt, hat ihre Ausbildung zur Rechtsanwaltsfachangestellten in der Kanzlei Dr. Schmidt, Gerber & Partner begonnen. Letzte Woche erhielt sie folgenden Arbeitsplan von der Bürovorsteherin Kirsten John:

Montag	07:00 Uhr Arbeitsbeginn Kanzlei 10:00 Uhr bis 10:15 Uhr Pause 12:00 Uhr bis 12:30 Uhr Pause 17:00 Uhr Arbeitsende Kanzlei
Dienstag	08:00 Uhr bis 12:30 Uhr Berufsschule 12:30 Uhr bis 13:30 Uhr Pause 13:30 Uhr Arbeitsbeginn Kanzlei 16:00 Uhr Arbeitsende Kanzlei
Mittwoch	05:00 Uhr Arbeitsbeginn Kanzlei 06:00 Uhr bis 06:30 Uhr Pause 10:00 Uhr bis 10:15 Uhr Pause 12:00 Uhr bis 12:30 Uhr Pause 14:00 Uhr Arbeitsende Kanzlei
Donnerstag	frei
Freitag	08:00 Uhr bis 14:00 Uhr Berufsschule 14:00 Uhr bis 15:00 Uhr Pause 15:00 Uhr Arbeitsbeginn Kanzlei 17:00 Uhr Arbeitsende Kanzlei
Samstag	09:00 Uhr Arbeitsbeginn Kanzlei 10:00 Uhr bis 10:15 Uhr Pause 13:00 Uhr Arbeitsende Kanzlei

Auf ihre Nachfrage, ob dieser Wochenplan korrekt sei, teilt ihr Frau John mit, dass dies selbstverständlich sei. „Irgendwie", denkt sie sich, „kann das doch nicht richtig sein." Vor allem, weil ihre Mitschülerinnen und Mitschüler ihrer Meinung nach viel weniger arbeiten müssen. Sie hat gehört, dass auch sie noch den Bestimmungen des Jugendarbeitsschutzes unterliegt. Daher überprüft sie ihren Wochenplan noch einmal genau. Gleichzeitig hat sie auch etwas Angst davor, eventuelle Fehler bei Frau John anzusprechen. Trotzdem macht sie sich an die Arbeit.

Arbeitsaufträge

1. Helfen Sie Petra und notieren Sie zunächst einmal die wichtigsten Erkenntnisse aus dem Jugendarbeitsschutzgesetz in folgender Übersicht:

	Paragraf	Inhalt
Arbeitszeit		
Ruhepausen		
Wochenendarbeit		
Nachtruhe		
Berufsschule		
Urlaub		

Anlage: Ausschnitte aus dem Jugendarbeitsschutzgesetz

§ 4 Arbeitszeit

(1) Tägliche Arbeitszeit ist die Zeit vom Beginn bis zum Ende der täglichen Beschäftigung ohne die Ruhepausen (§ 11).
(...)

§ 8 Dauer der Arbeitszeit

(1) Jugendliche dürfen nicht mehr als acht Stunden täglich und nicht mehr als 40 Stunden wöchentlich beschäftigt werden.
(2a) Wenn an einzelnen Werktagen die Arbeitszeit auf weniger als acht Stunden verkürzt ist, können Jugendliche an den übrigen Werktagen derselben Woche achteinhalb Stunden beschäftigt werden.
(...)

§ 9 Berufsschule

(1) Der Arbeitgeber hat den Jugendlichen für die Teilnahme am Berufsschulunterricht freizustellen. Er darf den Jugendlichen nicht beschäftigen

1. vor einem vor 9 Uhr beginnenden Unterricht; dies gilt auch für Personen, die über 18 Jahre alt und noch berufsschulpflichtig sind,
2. an einem Berufsschultag mit mehr als fünf Unterrichtsstunden von mindestens je 45 Minuten, einmal in der Woche,

(...)

§ 11 Ruhepausen, Aufenthaltsräume

(1) Jugendlichen müssen im Voraus feststehende Ruhepausen von angemessener Dauer gewährt werden. Die Ruhepausen müssen mindestens betragen

1. 30 Minuten bei einer Arbeitszeit von mehr als viereinhalb bis zu sechs Stunden,
2. 60 Minuten bei einer Arbeitszeit von mehr als sechs Stunden.

Als Ruhepause gilt nur eine Arbeitsunterbrechung von mindestens 15 Minuten.
(...)

§ 13 Tägliche Freizeit

Nach Beendigung der täglichen Arbeitszeit dürfen Jugendliche nicht vor Ablauf einer ununterbrochenen Freizeit von mindestens 12 Stunden beschäftigt werden.

§ 14 Nachtruhe

(1) Jugendliche dürfen nur in der Zeit von 6 bis 20 Uhr beschäftigt werden.
(2) Jugendliche über 16 Jahre dürfen

1. im Gaststätten- und Schaustellergewerbe bis 22 Uhr,
2. in mehrschichtigen Betrieben bis 23 Uhr,
3. in der Landwirtschaft ab 5 Uhr oder bis 21 Uhr,

(...)

§ 15 Fünf-Tage-Woche

Jugendliche dürfen nur an fünf Tagen in der Woche beschäftigt werden. Die beiden wöchentlichen Ruhetage sollen nach Möglichkeit aufeinander folgen.

§ 16 Samstagsruhe

(1) An Samstagen dürfen Jugendliche nicht beschäftigt werden.
(2) Zulässig ist die Beschäftigung Jugendlicher an Samstagen nur

1. in Krankenanstalten sowie in Alten-, Pflege- und Kinderheimen,
2. offenen Verkaufsstellen, in Betrieben mit offenen Verkaufsstellen, in Bäckereien und Konditoreien, im Friseurhandwerk und im Marktverkehr,

(...)

§ 19 Urlaub

(1) Der Arbeitgeber hat Jugendlichen für jedes Kalenderjahr einen bezahlten Erholungsurlaub zu gewähren.

(2) Der Urlaub beträgt jährlich

1. mindestens 30 Werktage, wenn der Jugendliche zu Beginn des Kalenderjahrs noch nicht 16 Jahre alt ist,
2. mindestens 27 Werktage, wenn der Jugendliche zu Beginn des Kalenderjahrs noch nicht 17 Jahre alt ist,
3. mindestens 25 Werktage, wenn der Jugendliche zu Beginn des Kalenderjahrs noch nicht 18 Jahre alt ist.

Jugendliche, die im Bergbau unter Tage beschäftigt werden, erhalten in jeder Altersgruppe einen zusätzlichen Urlaub von drei Werktagen.

(…)

2. Überprüfen Sie Petras Arbeitsplan mithilfe der Ausschnitte aus dem JArbSchG und notieren Sie mögliche Schwachstellen in folgender Tabelle:

	Mögliche Schwachstelle	Paragraf
Montag		
Dienstag		
Mittwoch		
Donnerstag		
Freitag		
Samstag		

3. Erstellen Sie Ihren eigenen Wochenplan und überprüfen Sie diesen:

	Kanzlei- und Berufsschulzeiten	Anrechenbare Arbeitszeit	Pausenzeiten
Montag			
Dienstag			
Mittwoch			
Donnerstag			
Freitag			

Beurteilung Ihres Wochenplans:

Mit den Erkenntnissen aus ihrem Wochenplan macht sich Petra nun auf den Weg zur Bürovorsteherin Frau John. Leider hat sie einige Schwachstellen in ihrem Plan gefunden. Sie nimmt sich allen Mut zusammen und klopft an die Bürotür. Leider hört sie nicht, was Frau John sagt, sie hört nur, dass sie etwas gesagt hat.

Daher tritt sie ein.

Petra: „Hallo Frau John, ich hätte hier mal eine Frage zu meinem Wochenplan."

Frau John: „Ich habe gerade telefoniert."

Petra ist etwas verdutzt. Sie hatte nicht mitbekommen, dass Frau John gerade telefoniert hatte.

4. Wie würden Sie sich an Petras Stelle fühlen?

5. Würden Sie an Petras Stelle in dieser Situation das Wochenplan-Problem ansprechen?

6. Vergleichen Sie Ihre Antworten mit den Antworten Ihrer Mitschülerinnen und Mitschüler und stellen Sie fest, ob es Unterschiede gibt.

Gut zu wissen:

Nach Friedemann Schulz von Thun ist ein Gespräch zwischen zwei Leuten oder in der Gruppe immer ein Wechselspiel zwischen dem Senden und Empfangen von Botschaften. Vor allem abhängig von der gerade herrschenden Gefühlslage, die abhängig vom bisherigen Tagesablauf, dem Schlaf in der Nacht und evtl. gesundheitlichen Zustände ist, werden Aussagen nicht klar formuliert und daher falsch verstanden oder fehlinterpretiert oder aber nach Meinung des Senders klar formuliert und vom Empfänger falsch verstanden. Schulz von Thun unterscheidet daher vier Kommunikationsebenen:

Sachebene/Sachinhalt
(Was ist der sachliche Inhalt des Gesagten?)

Hier werden Daten, Fakten und Sachverhalte vermittelt. Wichtig für den Sprecher ist hier, sich klar und verständlich auszudrücken, damit auf den anderen Ebenen (die auf Seiten des Empfängers reine Interpretationsebenen sind) keine Missverständnisse entstehen können.

Selbstkundgabe
(Was gibt der Gesagte durch die Aussage von sich selbst preis?)

Jede Äußerung seitens des Sprechers bewirkt eine unbewusste, unfreiwillige Selbstenthüllung. Jede Nachricht kann somit zu Deutungen über die Persönlichkeit des Sprechers führen. Der Empfänger versucht also bewusst oder unbewusst herauszufinden, welche Nachricht der Sprecher über die Sachinformation hinaus mitteilen könnte.

Beziehungshinweis
(Wie ist die Beziehung zwischen dem Sender und dem Empfänger der Botschaft?)

Auf dieser Ebene geht es darum, welche Beziehung Sprecher und Hörer zueinander haben. Der Sprecher kann hier durch seine Körpersprache, Wortwahl, die Art der Formulierung bewusst oder unbewusst Respekt, Verachtung, Gleichgültigkeit zum Ausdruck bringen.

Appell
(Was will der Sender mit dem Gesagten erreichen?)

Wer etwas sagt, will in der Regel auch etwas durch seine Aussage erreichen. Mit dem Appell, der in einer Aussage steckt, will der Sprecher in der Regel etwas beim Empfänger bewirken. Hier fragt sich der Empfänger, was er denken, machen oder fühlen soll auf Grund der Nachricht.

Eine Äußerung eines Sprechers beinhaltet demzufolge immer diese vier Ebenen. Diese müssen von dem Empfänger der Botschaft auch auf diesen vier Ebenen entschlüsselt werden.

Kommunikationsquadrat

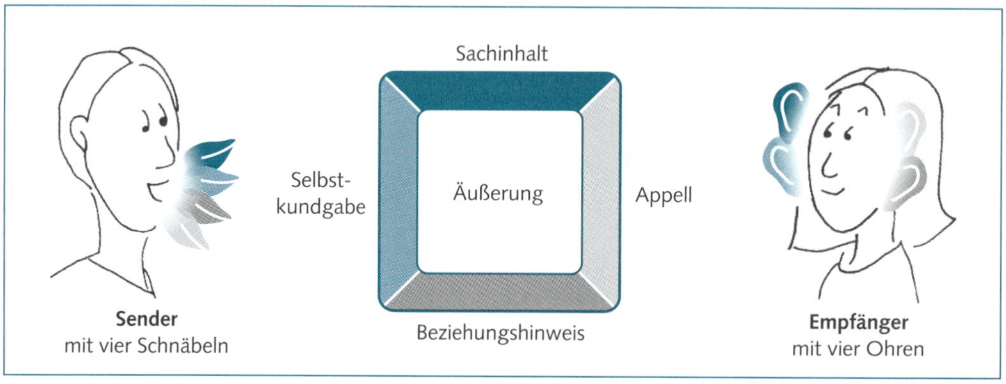

Kommunikationsmodell nach Friedemann Schulz von Thun (© Friedemann Schulz von Thun)

7. Aufgrund des oben beschriebenen Kommunikationsmodells sind mit jeder Nachricht also immer alle Kommunikationsebenen betroffen.
   a) Vervollständigen Sie folgendes Kommunikationsquadrat für „die Empfängerin" Petra aufgrund der Ausgangssituation und mithilfe obiger Informationen.
   b) Besprechen Sie mögliche Unterschiede mit einer Partnerin oder einem Partner.
   c) Überlegen Sie mögliche Gründe für die unterschiedlichen Verständnisse der Situation.

© Yurchenko Yulia – Shutterstock.com

Sachinhalt

Selbstoffenbarung von Frau John

Gesendete Nachricht

Appell von Frau John

Beziehung zwischen Frau John und Petra

© Lorelyn Medina - Shutterstock.com

8. Bereiten Sie mit einem Partner im Rollenspiel Ihr Gespräch vor, welches Sie mit der Bürovorsteherin bezüglich des Wochenplans nun führen müssten.

© Orla – Shutterstock.com

Weitere Übungsaufgaben

1. Notieren Sie in folgender Tabelle, ob folgende Situationen mit dem Jugendarbeitsschutz vereinbar sind.

Situation	Betroffener Paragraf	Folgerung
a) Da Ahmet Ince und Daniela Schmitz erkrankt sind, verbietet Dr. Sina Hopfe bis auf weiteres, dass Petra die Berufsschule besucht, um die Arbeit bewältigen zu können.		
b) Petra muss nur einmal in der Woche nach der Berufsschule mit jeweils 6 Stunden arbeiten. An dem anderen Tag darf sie nach Hause gehen. Heute fällt der Unterricht nach der 4. Stunde aus. Petra freut sich sehr und geht nach Hause.		
c) Petra soll in nächster Zeit mehrere Überstunden leisten, um allen Mandanten gerecht zu werden.		
d) Aufgrund eines wichtigen Mandanten bittet Dr. Schmidt seine Mitarbeiter und auch die Auszubildende Petra Horch die nächsten Samstage zu arbeiten.		
e) Bei einer der letzten Teamsitzungen wurde beschlossen, dass die Berufsschulzeit vom Gehalt abgezogen werden soll, da die Auszubildenden ja nichts für die Kanzlei leisten.		
f) Um den Auszubildenden einen Arbeitsanreiz zu schaffen, wird verkündet, dass pro getipptem Band zusätzlich 5,00 € vergütet werden. Petra überlegt sich daher, ihre Ausbildungsvergütung hierdurch etwas aufzubessern.		

Arbeitszeitgesetz

Obwohl sowohl Petra als auch Ahmet noch Auszubildende sind, trifft für Ahmet nicht das Jugendarbeitsschutzgesetz zu, da er schon volljährig ist. Viele Regelungen, die für Jugendliche im Jugendarbeitsschutz geregelt sind, sind für volljährige Auszubildende und Arbeitnehmer im Arbeitszeitgesetz geregelt.

2. Vervollständigen Sie daher die obige Übersicht auch mithilfe des **Arbeitszeitgesetzes.** Falls keine Regelung zu finden ist, schreiben Sie dies auf.

	Paragraf	Inhalt
Arbeitszeit		
Ruhepausen		
Wochenendarbeit		
Nachtruhe		
Berufsschule		
Arbeitszeitnachweise		

3. Beantworten Sie folgende Fragen für Ahmet.

	Fragen	Antworten
a)	Wie hoch ist die normale tägliche Arbeitszeit für Ahmet?	
b)	Auf wie viele Stunden kann sie verlängert werden?	
c)	Warum gibt es unterschiedliche Regelungen für Jugendliche und für volljährige Auszubildende?	
d)	In Ahmets Ausbildungsvertrag ist eine Höchstarbeitszeit von wöchentlich 40 Stunden vereinbart. Wie viele Stunden sind im Arbeitszeitgesetz vereinbart und welche Regelung trifft nun zu?	
e)	Petra muss mit 17 Jahren nur an einem Tag nach der Berufsschule arbeiten. Wie ist es bei Ahmet, der an beiden Berufsschultagen jeweils 6 Stunden hat und schon 20 Jahre alt ist?	
f)	Wie lange ist die Ruhezeit zwischen zwei Arbeitstagen mindestens?	
g)	Wie erfolgt der Ausgleich, wenn in Ausnahmefällen Mitarbeiter an Sonn- und Feiertagen arbeiten?	
h)	Wie viele Minuten Pause müssen bei 8-stündiger Arbeitszeit gewährt werden?	
i)	Werden die Pausen in der Berufsschule auf die Arbeitszeit angerechnet?	

4. Überprüfen Sie, ob in folgendem verkürztem Wochenplan bei Ahmet die gesetzlichen Regelungen zu Pausenzeiten, Arbeitszeiten und Wochenarbeitszeiten eingehalten wurden. Begründen Sie Ihre Meinung!

Arbeitsbeginn: 7:45 Uhr
1. Pause: 9:00 Uhr bis 9:20 Uhr
2. Pause: 12:10 Uhr bis 12:40 Uhr
Arbeitsende: 17:00 Uhr (Mo. bis Do.; Freitag 14:45 Uhr)

Ihre Lösung:

Pausenzeit pro Tag:	
Arbeitszeit pro Tag:	Montag–Donnerstag:
	Freitag:
Wochenarbeitszeit:	

Wie beurteilen Sie Ahmets Wochenplan? Nehmen Sie Stellung zur täglichen Pausen- und Arbeitszeit sowie zur Wochenarbeitszeit.

______

______

______

______

______

LERNSITUATION 7: WIE VIEL ERHOLUNG IST GENUG?

Daniela Schmitz hat ihre Ausbildung zur Rechtsanwaltsfachangestellten gerade beendet und ist froh, seit 01.09. eine Arbeitsstelle bei Dr. Schmidt, Gerber & Partner gefunden zu haben. Auch sie hat parallel mit Petras Wochenplan eine E-Mail der Bürovorsteherin Kirsten John bezüglich ihres Urlaubs bekommen.

Sehr geehrte Frau Schmitz,

bezüglich Ihrer Nachfrage zum Urlaub dieses Jahres habe ich nochmals Rücksprache mit Herrn Gerber gehalten und möchte Ihnen mitteilen, dass Ihnen pro Jahr 22 Arbeitstage Urlaub zur Verfügung stehen. Damit stehen Ihnen also dieses Jahr noch 7 Tage Urlaub zur Verfügung.

Für Rückfragen stehe ich Ihnen gerne weiterhin zur Verfügung. Ich hoffe, Sie konnten sich schon etwas in unserer Kanzlei einleben.

Mit freundlichen Grüßen

Kirsten John

Auch Daniela wundert sich über die Anzahl der Urlaubstage. Und aufgrund des fehlerhaften Wochenplans von Petra, rechnet sie diese lieber noch einmal selbst nach.

Arbeitsaufträge

Nutzen Sie zur Beantwortung den Ausschnitt aus dem Bundesurlaubsgesetz auf Seite 53.

1. Beschreiben Sie den Unterschied zwischen Arbeits- und Werktagen. Beachten Sie dazu das Info-Kästchen auf nachfolgender Seite. Ist der Urlaubsanspruch von 22 Arbeitstagen rechtlich in Ordnung?

2. Wann hat Daniela endlich Anspruch auf ihren gesamten Jahresurlaub, da sie unbedingt zwei Wochen mit ihrem Freund in die USA fliegen möchte?

3. In welchen drei Fällen erhält die Arbeitnehmerin oder der Arbeitnehmer nur Teilurlaub?

4. Berechnen Sie schrittweise den Urlaub, der Daniela in diesem Jahr noch zusteht.

a) Jahresurlaub gesamt:

b) Volle Monate, in denen Daniela bis Jahresende gearbeitet hat:

c) Urlaubsanteil, der Daniela pro Monat zusteht (§ 5 BUrlG):

d) Berechnung des Urlaubsanspruchs für die vollen gearbeiteten Monate:

Ein **Arbeitstag** bezeichnet im Unterschied zu einem Werktag (siehe § 3 BUrlG) einen Tag, an dem tatsächlich gearbeitet wird. Daher sind für Rechtsanwaltsfachangestellte alle Werktage außer den Samstagen Arbeitstage. Der gesetzliche Mindesturlaub nach dem Bundesurlaubsgesetz ist jedoch bezogen auf Werktage und damit eine 6-Tage-Woche. Bei einer anderen Verteilung der Wochenarbeitszeit wie im Fall einer 5-Tage-Woche ist der Anspruch im Dreisatz umzurechnen.

Anlage: Ausschnitte aus dem Bundesurlaubsgesetz

§ 3 Dauer des Urlaubs

(1) Der Urlaub beträgt jährlich mindestens 24 Werktage.

(2) Als Werktage gelten alle Kalendertage, die nicht Sonn- oder gesetzliche Feiertage sind.

§ 4 Wartezeit

Der volle Urlaubsanspruch wird erstmalig nach sechsmonatigem Bestehen des Arbeitsverhältnisses erworben.

§ 5 Teilurlaub

(1) Anspruch auf ein Zwölftel des Jahresurlaubs für jeden vollen Monat des Bestehens des Arbeitsverhältnisses hat der Arbeitnehmer

a) für Zeiten eines Kalenderjahres, für die er wegen Nichterfüllung der Wartezeit in diesem Kalenderjahr keinen vollen Urlaubsanspruch erwirbt;

b) wenn er vor erfüllter Wartezeit aus dem Arbeitsverhältnis ausscheidet;

c) wenn er nach erfüllter Wartezeit in der ersten Hälfte eines Kalenderjahres aus dem Arbeitsverhältnis ausscheidet.

(2) Bruchteile von Urlaubstagen, die mindestens einen halben Tag ergeben, sind auf volle Urlaubstage aufzurunden.

(3) Hat der Arbeitnehmer im Falle des Absatzes 1 Buchstabe c bereits Urlaub über den ihm zustehenden Umfang hinaus erhalten, so kann das dafür gezahlte Urlaubsentgelt nicht zurückgefordert werden.

5. In der Kanzlei Dr. Schmidt, Gerber & Partner haben alle Angestellten schon ihre Urlaubswünsche bis zu den Sommerferien eingereicht:

Angestellte Anwälte	Funktion	Bemerkungen	Urlaubswunsch
Dr. Sina Hopfe	Angestellte Anwältin	ledig, keine Kinder	26.–28. Woche
Dr. Martin Schweighöfer	Angestellter Anwalt	verheiratet, keine Kinder	11.–14. Woche
Caroline Keller	Angestellte Anwältin	verheiratet, 1 schulpflichtiges Kind	31.–32. Woche
Carsten Heiser	Angestellter Anwalt	ledig, keine Kinder	29.–31. Woche
Dr. Jan Klein	Angestellter Anwalt	verheiratet, keine Kinder	02.–05. Woche
Miriam Teske	Angestellte Anwältin	alleinerziehend, 1 schulpflichtiges Kind	27.–29. Woche
Angestellte Mitarbeiter	**Funktion**	**Bemerkungen**	**Urlaubswunsch**
Kirsten John	Bürovorsteherin und Betreuung der Auszubildenden	verheiratet, 2 Kinder, die berufstätig sind	11.–14. Woche
Marco Hitzfeld	Rechtsanwaltsfachangestellter	verheiratet, 2 schulpflichtige Kinder	27.–29. Woche
Daniela Schmitz	Rechtsanwaltsfachangestellte	ledig, keine Kinder	27.–29. Woche
Petra Horch	Auszubildende im 1. Ausbildungsjahr	ledig, keine Kinder	29.–31. Woche
Ahmet Ince	Auszubildender im 2. Ausbildungsjahr	ledig, keine Kinder	27.–28. Woche
Janina Förster	Auszubildende im 1. Ausbildungsjahr	ledig, keine Kinder	31.–32. Woche

a) Übertragen Sie die Urlaubswünsche in folgende Übersicht, falls diese in die angegebenen Wochen fallen:

Woche	23	24	25	26	27	28	29	30	31	32
Bes. Bem.					**Sommerferien**					
Dr. Sina Hopfe				✓	✓	✓				

Von Seiten der Partner gibt es folgende Vorgaben:

- Es dürfen maximal drei angestellte Anwälte gemeinsam im Urlaub sein.
- Es müssen immer zwei ausgebildete angestellte Mitarbeiter als Ansprechpartner zur Verfügung stehen.
- Es muss immer ein Auszubildender oder eine Auszubildende in der Ferienzeit im Büro anwesend sein.

b) Überprüfen Sie die eingereichten Urlaubswünsche hinsichtlich der Vorgaben der Partner in der Kanzlei. Bei welchen Personen gibt es Probleme?

c) Informieren Sie sich im Bundesurlaubsgesetz, welche Regelungen in den obigen Fällen zutreffen.

d) Mit welchen Mitarbeitern sollten Gespräche geführt werden hinsichtlich Verlegung des Urlaubs?

Weitere Übungsaufgaben

Nehmen Sie Stellung zu folgenden Fällen, indem Sie folgende Fälle im BUrlG recherchieren:

a) Daniela überlegt: Wie hoch war nochmal der gesetzliche Mindesturlaub?

b) Danielas Freundin erhält 30 Arbeitstage Urlaub laut Arbeitsvertrag. Daniela denkt sich, dass dies doch eigentlich nicht möglich sein kann. Oder doch?

c) Daniela plant ihren nächsten Urlaub über Ostern zu nehmen. Jedoch sind in dieser Zeit auch mehrere Feiertage. Werden Daniela diese Feiertage als Urlaubstage angerechnet?

d) Daniela ist schon zu Beginn ihrer Arbeit in der Kanzlei enttäuscht. Frau John hat ihren Urlaubsantrag abgelehnt, weil ihre Kollegin zur gleichen Zeit Urlaub möchte. „Wer zuerst kommt, mahlt zuerst!" war deren Kommentar.

e) Daniela hat also ihren Urlaub verschoben. Als sie erholt zurückkommt, teilt ihr Ahmet mit, dass ihr wohl eine Abmahnung droht. Frau John hatte durch Facebook erfahren, dass Daniela während ihres Urlaubs in der Modeboutique ihrer Freundin auf Ibiza ausgeholfen hatte.

f) Weiterhin war Daniela während ihres Urlaubs vier Tage nachweislich erkrankt. Welchen Einfluss hat dies auf ihren Erholungsurlaub?

g) Daniela plant für das nächste Jahr eine Reise nach Australien und möchte fünf Rest-Urlaubstage in diesem Jahr sparen, um im nächsten Jahr insgesamt mehr Urlaub zur Verfügung zu haben.

h) Danielas Freundin ist in einer anderen Kanzlei zum 01.10. des Jahres in ein neues Beschäftigungsverhältnis eingetreten. Für das laufende Kalenderjahr wurde allerdings schon der gesetzliche Mindesturlaub gewährt. Erhält Danielas Freundin vom neuen Arbeitgeber noch Urlaub für den Rest des Jahres?

i) Daniela hat mit Frau John ausgehandelt, dass sie nun doch 25 Arbeitstage Urlaub erhält. Frau John stellt jedoch die Bedingung, dass der Urlaub zu einem Teil zu acht Arbeitstagen und danach nur tageweise gewährt werden kann.

j) Daniela beschließt, dass ihr 20 Arbeitstage statt 25 Arbeitstagen doch genügen würden und überlegt, ob sie sich die übrigen Tage per Geld ausbezahlen lassen kann.

LERNSITUATION 8:
MUTTER WERDEN IST NICHT SCHWER, MUTTER SEIN DAGEGEN SEHR – JANINAS FREUNDIN IST SCHWANGER

Janinas Freundin Annika benimmt sich seit Tagen komisch. Feiern gehen möchte sie gar nicht mehr. Die Treffen mit ihr sind auch nicht mehr so wie in den letzten Wochen. Janina macht sich Sorgen. Leider geht sie seit 2 Tagen auch nicht mehr ans Telefon, daher schreibt Janina ihr eine besorgte E-Mail und bekommt endlich nach 4 Tagen auch eine Antwort:

Eingang Gesendet Entwürfe

An: Mich <janina.foerster@gmx.de> 13.07.2019, 13:21 Uhr
Kopie:
Betreff: Mein Leben
Von: a.mueller@web.de

Liebe Janina,

ich weiß, ich habe mich schon ewig nicht gemeldet. Aber es ist so viel los gerade, das kannst Du Dir gar nicht vorstellen.

Vor etwas über einer Woche war ich beim Frauenarzt und stell Dir vor, ich bin schwanger. Natürlich völlig ungeplant. Ja, ich weiß, ich hätte aufpassen müssen und ich bin alt genug, aber nun ist es passiert und jetzt steh ich da. Ich bin auch total unsicher, was ich jetzt machen soll. Meinem Freund habe ich es noch gar nicht erzählt.

Und gestern hatte ich mein Vorstellungsgespräch in meiner neuen Kanzlei. Und der neue Chef hat dann auch noch erzählt, dass gerade alle schwanger werden und er froh ist, dass ich noch so jung bin und mich indirekt gefragt, ob ich auch schwanger bin. Das habe ich natürlich verneint. Großartig! Direkt gelogen! Der kann mich bestimmt gleich rauswerfen, wenn das raus kommt. Sofortiger Rausschmiss wegen der Lüge, da mein Chef der Meinung ist, dass er „arglistig getäuscht" wurde.[1]

Ich gehe davon aus, dass mir zumindest eine sofortige Kündigung droht, wenn er erfährt, dass ich schwanger bin.[2] Eins von beidem blüht mir sicher. Dieses Mutterschutzgesetz gilt bestimmt nicht bei Azubis und schon gar nicht in der Probezeit.[3]

Und ich bin mir auch nicht sicher, ob ich das Kind behalten will. Vielleicht telefonieren wir nochmal. Eigentlich ja schon, aber es passt gerade so gar nicht in meinen Lebensplan. Deshalb will ich es doppelt meinem Chef noch nicht sagen.

Ich bin mir allerdings unsicher, ob es Nachteile hat, wenn ich es ihm nicht sage. Was meinst Du? [4]

Was mich tierisch in meiner neuen Kanzlei nervt ist, dass wir abwechselnd bis 22 Uhr arbeiten müssen,[5] da wir wichtige Mandanten in den USA haben und diese betreuen.

Der geplante Entbindungstermin ist am 12. August. Ich überlege, ab welchem Datum ich überhaupt dann zu Hause bleiben muss und ab welchem Datum ich wieder mit der Ausbildung starten kann.[6] Vielleicht könnte ich auch bis 1 Woche vor der Entbindung arbeiten und dann wieder 1 Woche nach der Geburt starten. Dann hätte ich quasi nur 2 Wochen Schule und Ausbildung verpasst.[7]

Oder ich mache es ganz anders und setze ein Jahr mit dem Baby aus. Aber ohne Geld wird das schwierig. Gab es da nicht zumindest etwas Geld direkt nach der Geburt? [8] Und in dem ersten Jahr oder den ersten drei Jahren bekommt man doch auch noch Geld, oder nicht? Wie viel ist das denn dann? [9]

Es wäre schön, wenn Du als ReNo mir ein paar Tipps geben könntest. Deine Meinung würde ich natürlich auch gerne hören.

LG
Annika

Janina ist etwas überfordert, kommt aber gut mit Gesetzen klar und fängt an, die Beantwortung der E-Mail vorzubereiten. Sie hat die E-Mail ausgedruckt und rechts Platz für Notizen gelassen. Anschließend nummeriert sie die aufgeworfenen Fragestellungen durch und legt sich ihr Gesetz bereit. An den Rand möchte sie sich in Stichworten Notizen machen, um was es in der E-Mail geht.

1. Helfen Sie Janina bei der Beantwortung von Annikas Problemen. Nutzen Sie nachstehende Tabelle, um Schritt für Schritt die E-Mail von Annika anhand Ihrer Stichworte abzuarbeiten.

	Evtl. zutreffende(r) Paragraf(en) aus dem Mutterschutzgesetz	Ihre Antworten auf Janinas Fragen
1.		
2.		
3.		
4.		
5.		
6.		
7.		
8.		
9.	Lösung bitte aus dem BEEG entnehmen	

2. Annika macht sich Sorgen, was finanziell und beruflich passiert, wenn sie nicht sofort wieder arbeiten geht. Hierfür hat der Gesetzgeber das Bundeselterngeld und Elternzeitgesetz (BEEG) erlassen. Informieren Sie sich bitte in diesem über folgende Punkte:

   a) Wer hat Anspruch auf Elterngeld?

   b) Wie hoch ist das Elterngeld? Gibt es hierbei auch einen Mindest- oder Höchstbetrag?

   c) Wie lange erhält man das „normale" Elterngeld?

d) Für welche Personengruppen ist das ElterngeldPlus interessant?

e) Wie lange kann ich Elternzeit in Anspruch nehmen?

f) Gibt es für die Elternzeit einen besonderen Kündigungsschutz?

g) Hat man während der Elternzeit die Möglichkeit zu arbeiten?

Weitere Übungsaufgaben

1. Beurteilen Sie die folgenden Fälle vor dem Hintergrund des Mutterschutzgesetzes!

   a) Eine Mitarbeiterin im Einzelhandel ist im sechsten Monat schwanger. Sie muss regelmäßig Pakete mit einem Gewicht von 15 kg durch den Laden tragen und in einem Regal einräumen.

   b) Eine Mitarbeiterin einer Zeitschriftenagentur will trotz Schwangerschaft nicht auf Prämien für Überstunden und Nachtarbeit verzichten.

   c) Bei einer Mitarbeiterin in einer Bäckerei, die im siebten Monat schwanger ist, soll die Arbeitszeit an der Theke von täglich acht Stunden auf täglich fünf Stunden reduziert werden.

   d) Die Industriekauffrau Beate soll am 10. Mai entbinden. Da wichtige Arbeiten anstehen, bittet sie ihr Chef am 20. April auszuhelfen, woraufhin sich Beate einverstanden erklärt.

e) Am 20. Mai bekommt Beate ihr Kind. Am 15. Juni ruft ihre Chefin sie an und bittet sie, in der nächsten Woche noch einmal im Betrieb auszuhelfen. Auch hier erklärt sich Beate einverstanden.

2. Richtig oder falsch? Bitte kreuzen Sie an.

	richtig	falsch
a) Der Kündigungsschutz für Frauen beträgt sechs Wochen vor und acht Wochen nach der Entbindung.	❑	❑
b) Mütter dürfen bis zum Ablauf von sechs Wochen nach der Entbindung nicht beschäftigt werden	❑	❑
c) Einer Frau darf während der Schwangerschaft und bis zum Ablauf von sechs Wochen nach der Entbindung nicht gekündigt werden.	❑	❑
d) Werdende und stillende Mütter dürfen mit Mehrarbeit, Nacht- und Sonntagsarbeit grundsätzlich nicht beschäftigt werden. Ausnahmen gibt es nur in bestimmten Wirtschaftszweigen.	❑	❑
e) Das Mutterschutzgesetz kann je nach Wirtschaftzweig und Betrieb geeignet interpretiert werden. Hier ist der Betriebsrat zu Rate zu ziehen.	❑	❑

3. Die folgenden Personen bitten Sie, die Höhe des Elterngeldes zu berechnen.

a) Elvira Jung verdiente in den letzten 12 Monaten im Schnitt 2.200,00 € (netto).

b) Petra Heuberg hatte in den letzten 12 Monaten einen Gesamtverdienst von 9.600,00 € (netto).

c) Ebru Yildiz verdiente als Angestellte in den letzten 12 Monaten im Schnitt 1.210,00 € (netto).

d) Brigitte Neuhaus verdiente in den letzten 12 Monaten im Schnitt 5.000,00 € (netto).

e) Edita Neuhaus ist derzeit Hausfrau und erzielte in den letzten 12 Monaten kein Einkommen.

4. Frau Winter erwartet ein Kind. Sie ist Hausfrau. Ihr Mann ist Busfahrer, und sein durchschnittliches Nettoeinkommen der letzten zwölf Monate belief sich auf 1.400,00 €. Herr Winter plant, während der ersten drei Monate nach der Geburt zu Hause zu bleiben und seinen Anspruch auf Elterngeld wahrzunehmen.

   Wie hoch ist die Summe des Elterngeldes, die Herr und Frau Winter maximal innerhalb der ersten beiden Lebensjahre ihres Kindes erhalten können?

5. Peter und Ingrid Fritsch bekommen ein Kind. Ingrid Fritsch will bis einschließlich des 24. Lebensmonats des Kindes Elternzeit nehmen. Ab dem 19. Lebensmonat von Noah möchte Herr Fritsch Elternzeit nehmen. Für wie viele Monate kann Herr Fritsch maximal Elternzeit beantragen?

LERNSITUATION 9:
DIE ENTGELTABRECHNUNG NACHVOLLZIEHEN UND AUF FEHLER ÜBERPRÜFEN

Die neu eingestellte Rechtsanwaltsfachangestellte Daniela Schmitz ist 23 Jahre alt, ledig und kinderlos. Nach einem Monat hat sie sich gut in ihren Arbeitsbereich eingearbeitet. Voller Vorfreude erwartet sie ihre erste Entgeltzahlung.

© Nerthuz – Shutterstock.com

Daniela Schmitz verkündet eines Tages: „Endlich verdiene ich voll: 2.234,00 €. Ich brauche im Monat nur 500,00 € zum Leben. Ich zahle Miete in Höhe von 450,00 €. Jetzt hab ich mir Möbel für 800,00 € bestellt. Da habe ich am Ende vom Monat sogar noch 484,00 € übrig. Großartig, oder?"

Ahmet Ince ist etwas ratlos, er möchte Daniela keine Panik machen, ist aber der Meinung, dass das so nicht stimmt und befürchtet sogar, dass sich Daniela noch nicht einmal die Möbel leisten kann.

„Lass uns doch gemeinsam nochmal meine Verdienstbescheinigung ansehen und prüfen, ob das bei dir hinkommt", bietet er daher an. Alle wichtigen personenrelevanten Daten entfernt er vorher auf der Kopie, damit Daniela das Dokument auch behalten kann.

Ihrem Arbeitsvertrag kann Daniela entnehmen, dass sie 2.234,00 € brutto verdient. Jeden Monat werden auf ihren Antrag hin 20,00 € vermögenswirksame Leistungen abgebucht, der Arbeitgeber beteiligt sich zusätzlich mit 20,00 €. Der Beitragssatz der Krankenversicherung beläuft sich gegenwärtig auf 14,6 %. Zusätzlich können die Krankenkassen einen Zusatzbeitrag erheben. Nicht alle tun dies. Danielas Krankenkasse fordert allerdings einen Zusatzbeitrag von 0,9 %, der jeweils zur Hälfte von Arbeitnehmer und Arbeitgeber zu zahlen ist. Zudem muss ihr Arbeitgeber Kirchensteuer abführen.

© pathdoc – Shutterstock.com

Sind Ahmets Sorgen berechtigt? Mit wie viel Geld kann Daniela am Monatsende tatsächlich rechnen?

Abrechnung der Brutto-Netto-Bezüge **2/20049**

März/20xx

Pers. Nr.	Steuer-ID	Geb.Dat	Eintritt	Austritt	St. Kl.	Faktor	Kinder-freibetr.	St. Tg.	Freibetr. jährl.	Freibetr. mtl.	Kon-fession
00012	7328283920	04 12 x x	01 08 x x		[redacted]		0/0	30			ev/

Versicherungs-Nr.	Krankenkassenname	KK% / Z%			PGS	UM	MFB	GZ	B G R S	SV-Tg.	Anz. U.
12345978549M838	DAK-Gesundheit	14,6	7/9	90	101	1	Nein	1	1 1 1 1		

Dr. Schmidt, Gerber & Partner, Lindestr. 20, 40477 Düsseldorf

Herrn/Frau

[redacted]

Statistische Werte:

Anw. Tg.	Anw. Std.			SV-AG-Anteil mtl.
[redacted]				[redacted]
			Url. Anspr.	SV-AG-Anteil kum.
			24 00	[redacted]
			Url. Vorj.	Arbeitszeitkto. (Std.)
			[redacted]	
Std.lohn 1	Std.lohn 2	Std.lohn 3	gen. Url. ges	
Durch-schnitt 1	Durch-schnitt 2	Durch-schnitt 3	Resturl.	
[redacted]			[redacted]	

Lohnart	Bezeichnung	Bezahlte Menge	Faktor	%/€-Zuschlag	ST	SV	GB	Betrag
0005	Gehalt				L	L	J	[redacted]
0003	vermögenswirksame Leistungen							20,00
								Abrechnungs-Brutto
								[redacted]

	Steuer-Brutto laufende Bezüge (L)	Steuer-Abzüge laufende Bezüge (L)	Steuer-Brutto sonstige Bezüge (S)	Steuer-Abzüge sonstige Bezüge (S)	Steuer-Brutto mehrjährige Bezüge (M)	Steuer-Abzüge mehrjährige Bezüge (M)	Steuerrechtliche Abzüge
LSt SolZ KiSt	[redacted]						

	SV-Brutto lfd. Bezüge (L)	SV-Beitrag lfd. Bezüge (L)	SV-Brutto Einmalbezüge (E)	SV-Beitrag Einmalbezüge (E)	SV-Beitrag Einmalbezüge (E)	SV-rechtl. Abzüge
KV RV AV PV	[redacted]					

Alleinstehende müssen erst ab einem Jahreseinkommen von ca. 73.000,00 EUR brutto den Solidaritätszuschlag zahlen. Zwischen 73.000,00 EUR und 109.000,00 EUR wird der Solidaritätszuschlag nur teilweise bezahlt. Wer mehr verdient, muss den vollen Betrag zahlen.

Arbeitsaufträge

1. Vervollständigen Sie zunächst folgendes Abkürzungsverzeichnis, welches sich aus der Entgeltabrechnung ergibt.

Abkürzung	steht für…
St. Kl.	
LSt	
SolZ	
KiSt	
KV	
RV	
AV	
PV	
SV-Beitrag	

2. Finden Sie mithilfe einer Internetrecherche heraus, welche Steuerklassen existieren und in welche Steuerklasse Daniela Schmitz einzuordnen ist.

Steuerklasse	Gilt für folgende Personengruppe

Für Daniele Schmitz gilt daher folgende Steuerklasse: ____________

3. Recherchieren Sie den Arbeitnehmer- und Arbeitgeberanteil der Beiträge zur Sozialversicherung.

Abzüge Sozialversicherungsbeiträge	Arbeitnehmeranteil in %	Gesamt	Arbeitgeberanteil in %
KV			
Zusatzbeitrag zur KV			
PV			
Beitragszuschlag für Kinderlose zur PV Altersgrenze: ____________			
RV			
AV			

4. Grundsätzlich wird in einer Gehaltsabrechnung die Unfallversicherung nicht aufgeführt, obwohl sie eine wichtige Säule der sozialen Sicherung darstellt. Bitte erläutern Sie den Grund.

____

____

____

____

5. Im Zuge der Sozialversicherung wird oft von der **„Pflichtversicherungsgrenze"** gesprochen. Bitte erläutern Sie diesen Begriff.

____

____

____

____

6. Das Bruttogehalt ist häufig, aber nicht in jedem Fall, auch das sozialversicherungspflichtige Einkommen. Bei Vielverdienern unterscheidet sich das Bruttoeinkommen oft ganz erheblich vom sozialversicherungspflichtigen Einkommen, da eine **Beitragsbemessungsgrenze** existiert. Recherchieren Sie, was man unter einer Beitragsbemessungsgrenze versteht und wie hoch diese für die einzelnen Sozialversicherungsbeiträge ist.

Beitragsbemessungsgrenze bedeutet:

Sozialversicherungsbeiträge	Höhe der Beitragsbemessungsgrenze	
	West	Ost
KV		
PV		
RV		
AV		

7. Vervollständigen Sie untenstehende Tabelle.
   a) Berechnen Sie Danielas Bruttogehalt.
   b) Bitte entnehmen Sie die steuerlichen Abzüge der Lohnsteuertabelle auf der nächsten Seite.
   c) Ermitteln Sie mithilfe der Beitragssätze aus Aufgabe 3 die Sozialversicherungsbeiträge.
   d) Berechnen Sie den Überweisungsbetrag, der monatlich auf Danielas Konto eingeht.

	Was?	Beitragssatz	Betrag in Euro	
	Grundgehalt			
+	Vermögenswirksame Leistungen **des Arbeitgebers**			
=	**Bruttogehalt**			
–				= Abzüge Steuern
–				
–				
–				= Abzüge Sozialversicherungsbeiträge
–				
–				
–				
=	**Nettogehalt**			
–	Vermögenswirksame Leistungen **(Arbeitnehmer und (!) Arbeitgeber)**			
=	**Überweisungsbetrag**			

8. Sind Ahmets Sorgen berechtigt? Beurteilen Sie auf Grundlage der Ausgangssituation, ob sich Daniela die neu bestellten Möbel leisten bzw. wie viel sie am Ende des Monats noch sparen kann.

Allgemeine Monats-Lohnsteuertabelle 2021 Teil West

von 2253 € bis 2267,99 € Kirchensteuer 9%

Kinderfreibetrag			0		0,5		1		1,5		2		2,5		3		3,5		4	
ab €	StK	Steuer	SolZ	KiStr	SolZ	KiStr	SolZ	KiStr	SolZ	KiStr	SolZ	KiStr	SolZ	KiStr	SolZ	KiStr	SolZ	KiStr	SolZ	KiStr
2.253,00																				
	1	233,58	-	21,02	-	12,80	-	5,20	-	-	-	-	-	-	-	-	-	-	-	-
	2	191,25	-	-	-	9,24	-	2,36	-	-	-	-	-	-	-	-	-	-	-	-
	3	17,50	-	1,57	-	-	-	-	-	-	-	-	-	-	-	-	-	-	-	-
	4	233,58	-	21,02	-	16,84	-	12,80	-	8,89	-	5,20	-	2,11	-	-	-	-	-	-
	5	495,66	-	44,60	-	-	-	-	-	-	-	-	-	-	-	-	-	-	-	-
	6	527,16	-	47,44	-	-	-	-	-	-	-	-	-	-	-	-	-	-	-	-
2.256,00																				
	1	234,33	-	21,08	-	12,86	-	5,25	-	-	-	-	-	-	-	-	-	-	-	-
	2	192,00	-	-	-	9,30	-	2,41	-	-	-	-	-	-	-	-	-	-	-	-
	3	17,83	-	1,60	-	-	-	-	-	-	-	-	-	-	-	-	-	-	-	-
	4	234,33	-	21,08	-	16,90	-	12,86	-	8,95	-	5,25	-	2,16	-	-	-	-	-	-
	5	496,66	-	44,69	-	-	-	-	-	-	-	-	-	-	-	-	-	-	-	-
	6	528,16	-	47,53	-	-	-	-	-	-	-	-	-	-	-	-	-	-	-	-
2.259,00																				
	1	235,00	-	21,15	-	12,92	-	5,31	-	-	-	-	-	-	-	-	-	-	-	-
	2	192,66	-	-	-	9,36	-	2,45	-	-	-	-	-	-	-	-	-	-	-	-
	3	18,33	-	1,64	-	-	-	-	-	-	-	-	-	-	-	-	-	-	-	-
	4	235,00	-	21,15	-	16,97	-	12,92	-	9,01	-	5,31	-	2,20	-	-	-	-	-	-
	5	497,50	-	44,77	-	-	-	-	-	-	-	-	-	-	-	-	-	-	-	-
	6	529,16	-	47,62	-	-	-	-	-	-	-	-	-	-	-	-	-	-	-	-
2.262,00																				
	1	235,75	-	21,21	-	12,98	-	5,36	-	-	-	-	-	-	-	-	-	-	-	-
	2	193,41	-	-	-	9,42	-	2,50	-	-	-	-	-	-	-	-	-	-	-	-
	3	18,83	-	1,69	-	-	-	-	-	-	-	-	-	-	-	-	-	-	-	-
	4	235,75	-	21,21	-	17,03	-	12,98	-	9,08	-	5,36	-	2,25	-	-	-	-	-	-
	5	498,50	-	44,86	-	-	-	-	-	-	-	-	-	-	-	-	-	-	-	-
	6	530,33	-	47,72	-	-	-	-	-	-	-	-	-	-	-	-	-	-	-	-
2.265,00																				
	1	236,50	-	21,28	-	13,05	-	5,42	-	-	-	-	-	-	-	-	-	-	-	-
	2	194,16	-	-	-	9,48	-	2,54	-	-	-	-	-	-	-	-	-	-	-	-
	3	19,16	-	1,72	-	-	-	-	-	-	-	-	-	-	-	-	-	-	-	-
	4	236,50	-	21,28	-	17,10	-	13,05	-	9,14	-	5,42	-	2,29	-	-	-	-	-	-
	5	499,50	-	44,95	-	-	-	-	-	-	-	-	-	-	-	-	-	-	-	-

Aufgaben zur Vertiefung

1. Michael Mann hat gerade seine Ausbildung als Rechtsanwaltsfachangestellter erfolgreich hinter sich gebracht. Michael ist 20 Jahre alt und bisher noch kinderlos. Er wird jetzt von seiner bisherigen Kanzlei übernommen und bekommt einen Bruttolohn von 2.350,00 €. Für Lohn- und Kirchensteuer muss er 262,00 € im Monat bezahlen.

   Bitte berechnen Sie die einzelnen Beiträge zur Sozialversicherung und den Nettobetrag. **Gehen Sie davon aus, dass die Krankenversicherung von Herrn Mann keinen Zusatzbeitrag erhebt.**

2. Dr. Frauke Hansen (35 Jahre) arbeitet als Anwältin in der Kanzlei Dr. Schmidt, Gerber & Partner und verdient dort im Monat 5.200,00 € brutto. Dr. Frauke Hansen ist ledig und hat keine Kinder.

   Sie zahlt monatlich 1.130,00 € an Lohn- und Kirchensteuer.

   Bitte berechnen Sie die einzelnen Beiträge zur Sozialversicherung und den Nettobetrag. **Gehen Sie davon aus, dass die Krankenversicherung von Frau Hansen keinen Zusatzbeitrag erhebt.**

3. Peter Müller, einer der Partner in der Kanzlei Dr. Schmidt, Gerber & Partner, verdient derzeit 12.000,00 € brutto im Monat. Herr Müller ist 43 Jahre alt, ist nicht verheiratet und hat auch keine Kinder. Für Lohn-, Kirchensteuer und Solidaritätszuschlag muss er 4.378,00 € im Monat bezahlen.

   Bitte berechnen Sie die einzelnen Beiträge zur Sozialversicherung und den Nettobetrag. **Gehen Sie davon aus, dass die Krankenversicherung von Herrn Müller keinen Zusatzbeitrag erhebt.**

LERNSITUATION 10: MÖGLICHKEITEN ZUR FORT- UND WEITERBILDUNG ERARBEITEN

Ahmet Ince, der seit einem Jahr seine Ausbildung zum Rechtsanwaltsfachangestellten in der Kanzlei Dr. Schmidt, Gerber & Partner absolviert, grübelt seit letztem Wochenende nach. Nach dem Mittleren Bildungsabschluss besuchen drei seiner Freunde die Fachhochschule, zwei seiner Freunde mit Abitur fangen gerade an zu studieren. Da sein Mittlerer Bildungsabschluss einer der besten seines Jahrgangs war, denkt auch er darüber nach, ob der gewählte Ausbildungsberuf der richtige für ihn ist oder ob er doch nach einem anderen Ziel strebt. Jedoch macht ihm bislang der Beruf sehr viel Spaß und entspricht genau seinen Interessen. Über einen Fachhochschulabschluss hat er jedoch auch schon länger nachgedacht.

Arbeitsaufträge

1. Finden Sie mithilfe einer Internetrecherche heraus, welche Fort- und Weiterbildungsmöglichkeiten für Ahmet bestehen und erstellen Sie sich einen „Spickzettel" nach folgender Vorgabe (Hinweis: die Beispiele beziehen sich nicht aufeinander):

Art der Fort- oder Weiterbildung	z. B. Fachhochschulreife
Tätigkeitsschwerpunkte nach Abschluss der Fort- bzw. Weiterbildung	z. B. Geschäftsleitung in rechtlichen Fragen beraten und betriebswirtschaftliche Aufgaben wahrnehmen
Ausbildungsdauer	z. B. zwei Jahre
Voraussetzungen	z. B. Mittlerer Bildungsabschluss; neben der Schule, nach Abschluss der Ausbildung
Ausbildungsart	Vollzeit/Teilzeit
Ausbildungsort	z. B. Ausgewählte Fachschulen
Kontaktmöglichkeiten	z. B. Ansprechpartner in der Schule

Möglichkeiten der Recherche:

Rechtsassistent

Studium (Jura, Wirtschaftsrecht, …)

Rechtswirt

Bildungsurlaub

© amasterphotographer – Shutterstock.com

Fachoberschulabschluss

Rechtsfachwirt

Betriebswirt Recht

Welche Aus- oder Weiterbildung wäre für Sie eventuell interessant? Begründen Sie Ihre Entscheidung.

LERNFELD 2

Arbeitsabläufe im Team organisieren

LERNSITUATION 1: VERSCHIEDENE RECHTSFORMEN

© lifdim – Fotolia.com

Die ehemaligen Jurastudenten Marko Häring und Andreas Würz absolvieren derzeit ihr Rechtsreferendariat in der Kanzlei Dr. Schmidt, Gerber & Partner.

Beide wollen sich im Anschluss als Rechtsanwälte niederlassen. Marko Häring möchte sich auf das Rechtsgebiet Familienrecht und Andreas Würz auf das Rechtsgebiet Strafrecht spezialisieren. Die zu erwartende Mandantenzahl ist zu Beginn eher gering einzuschätzen. Daher gibt es erste Überlegungen, zunächst gemeinsam eine Kanzlei zu eröffnen.

Beide müssen sich zuallererst für eine geeignete Form der Zusammenarbeit entscheiden und beauftragen Frau Horch damit, die entsprechende Vorarbeit zu leisten, damit den beiden eine Entscheidung leichter fällt.

Arbeitsaufträge

1. Bereiten Sie für die beiden Anwälte eine Zusammenfassung über die möglichen Formen der Zusammenarbeit bzw. Kanzleigründung vor. Als mögliche Formen des Zusammenschlusses werden folgende Rechtsformen in Betracht gezogen:

   - Bürogemeinschaft
   - Gesellschaft des bürgerlichen Rechts (GbR)/Sozietät
   - Partnerschaftsgesellschaft
   - (Partnerschafts-)Gesellschaft mit beschränkter Haftung (GmbH)

   Als Informationsquellen dienen Ihnen neben Ihrem Lehrbuch auch die entsprechenden gesetzlichen Bestimmungen. Führen Sie ggf. auch eine Internetrecherche durch.

2. Eine Möglichkeit, um eine begründete Entscheidung herbeizuführen, bietet das Erstellen einer Matrix. Bitte tragen Sie die entsprechenden Ergebnisse Ihrer Nachforschungen in die dafür vorgesehenen Felder der Matrix ein, um auf diese Weise die Basis für Ihre Entscheidung zu erhalten. Beziehen Sie Ihre Informationen ggf. aus dem Internet (siehe Kasten unten).

3. Entscheiden Sie sich aus dem Fundus Ihrer bisherigen Arbeitsergebnisse für eine geeignete Form des Zusammenschlusses. Teilen Sie den beiden Anwälten Ihre Empfehlung per E-Mail (bzw. interner Mitteilung) mit.

4. Die beiden Anwälte entscheiden sich letztendlich für eine Partnerschaftsgesellschaft. Stellen Sie übersichtlich dar, welche Schritte bis zur Entstehung der Partnerschaftsgesellschaft erfolgen müssen.

Mögliche Internetadressen für Ihre Recherche:

- www.rak-saar.de
- www.iww.de
- www.ifb-gruendung.de
- http://www.lzk-bw.de/PHB/PHB-CD/Vertraege/Praxisvertraege/Partnerschaftsregister-Anmeldung.doc

Anlage 1 zu Arbeitsauftrag 1

Bürogemeinschaft

Beschreibung

Vorteile

Nachteile

Gesellschaft des bürgerlichen Rechts (GbR)/Sozietät

Beschreibung

Vorteile

Nachteile

Partnerschaftsgesellschaft

Beschreibung

Vorteile

Nachteile

(Partnerschafts-)Gesellschaft mit beschränkter Haftung (GmbH)

Beschreibung

Vorteile

Nachteile

Anlage 2 zu Arbeitsauftrag 2

Merkmale	Form des Zusammenschlusses			
	Bürogemeinschaft	Gesellschaft mit beschränkter Haftung (GmbH)	Gesellschaft des bürgerlichen Rechts (GbR)	Partnerschafts-gesellschaft
Gesellschaftsvertrag				
Mindestkapital				
Registereintrag				
Rechtsfähigkeit				
Geschäftsführung				
Vertretung				
Haftung				
Name/Firma				

Anlage 3 zu Arbeitsauftrag 3

DR. SCHMIDT · GERBER & PARTNER

RECHTSANWÄLTE

Gesellschaft bürgerlichen Rechts

Anlage 4 zu Arbeitsauftrag 4: Entstehung einer Partnerschaftsgesellschaft

Übungsaufgaben

1. Grenzen Sie die Begriffe Geschäftsführung und Vertretung anhand eines frei gewählten Beispiels voneinander ab.

2. Zeigen Sie Gründe auf, die einen Rechtsanwalt mit eigener Kanzlei dazu bewegen könnten, seine Kanzlei in eine
   - Bürogemeinschaft,
   - Partnerschaftsgesellschaft umzuwandeln.

3. Rechtsanwalt Dieter Domay und Steuerberaterin Maike Blümke möchten sich beruflich zusammentun und eine Partnerschaftsgesellschaft gründen. Zeigen Sie auf, welche Vorschriften die beiden bei der Namensgebung berücksichtigen müssen und nennen Sie ein konkretes Beispiel.

4. Bereiten Sie einen Gesellschaftsvertrag für eine neu zu gründende Sozietät in der Rechtsform einer GbR vor, indem Sie die wichtigsten Hauptpunkte, die der Vertrag beinhalten sollte, aufzählen.

5. RA Albert ist Gesellschafter einer Sozietät (GbR). Als der Möbelhändler Möbelstein von ihm die Bezahlung von gelieferten Büromöbeln im Wert von 25.000,00 € verlangt, verweigert er die Zahlung. Er weist den Möbelhändler darauf hin, dass die GbR und nicht er haften würde. Beurteilen Sie die Rechtslage.

6. In einer Partnerschaftsgesellschaft sind die RA Albert (Zivilrecht) und Berger (Strafrecht) die Partner. Albert muss wegen einer Fristversäumnis mit einer Schadenersatzforderung eines Mandanten (Bereich Zivilrecht) in Höhe von mehreren Tausend Euro rechnen. Der Partner Berger befürchtet nun ebenfalls in Anspruch genommen werden zu können. Beurteilen Sie den Fall.

7. RA Albert ist Partner einer Partnerschaft. Als der Möbelhändler Möbelstein von ihm die Bezahlung von gelieferten Büromöbeln im Wert von 25.000,00 € verlangt, verweigert er die Zahlung. Er weist den Möbelhändler darauf hin, dass die Partnerschaft und nicht er haften würde. Beurteilen Sie die Rechtslage.

8. RA Albert ist Gesellschafter einer GmbH. Als der Möbelhändler Möbelstein von ihm die Bezahlung von gelieferten Büromöbeln im Wert von 25.000,00 € verlangt, verweigert er die Zahlung. Er weist den Möbelhändler darauf hin, dass die GmbH und nicht er haften würde. Beurteilen Sie die Rechtslage.

LERNSITUATION 2: AUFBAU UND ORGANISATIONSPLAN

Die Kanzlei Dr. Schmidt, Gerber & Partner hat folgenden organisatorischen Aufbau:

Dr. Schmidt ist Gründer der Kanzlei und allen Abteilungen übergeordnet. Das Kanzleimanagement ist ihm unmittelbar unterstellt. Die Abteilungsleiterin des Kanzleimanagements ist die Bürovorsteherin Frau John. Dem Kanzleimanagement sind die Abteilungen Termine und Fristen (Marco Hitzfeld), Mahnwesen (Daniela Schmitz), Buchhaltung (Kirsten John), Empfang (Auszubildende) und Ausbildung (Kirsten John) zugeordnet.

Die Kanzlei umfasst drei Hauptabteilungen – Referat 1 (Wirtschaftsrecht) wird von Achim Gerber geleitet, für Referat 2 (Familienrecht) ist Dr. Frauke Hansen und für Referat 3 (Erbrecht) Sebastian Gerlach zuständig.

Dr. Sina Hopfe und Dr. Jan Klein sind Referat 2 zugeordnet, wobei Dr. Sina Hopfe in der Abteilung Unterhaltsrecht und Dr. Jan Klein in der Abteilung Trennung und Ehescheidung ihren jeweiligen Schwerpunkt haben. Dr. Martin Schweighöfer arbeitet unter der Leitung von Sebastian Gerlach in Referat 3 und ist dort in der Abteilung Testament und Testamentsvollstreckung tätig. Caroline Keller arbeitet ebenfalls in Referat 3 und hat in der Abteilung Internationales Erbrecht ihre Kernkompetenz. Referat 1, das von Achim Gerber geleitet wird, gliedert sich in die Abteilungen Steuerrecht (Carsten Heiser) sowie Insolvenzrecht (Miriam Teske). Die Rechtsreferendare der Kanzlei sind keinem Referat unmittelbar zugeordnet, sondern werden unter der Leitung von Dr. Schmidt in den einzelnen Referaten je nach Bedarf eingebunden.

Arbeitsauftrag

Die Bürovorsteherin Frau Horch möchte die Aufbauorganisation der Kanzlei auf der Kanzlei-Homepage veröffentlichen, um der Öffentlichkeit einen Überblick über die Aufgabenverteilung innerhalb der Kanzlei zu verschaffen. Sie beauftragt Ahmet, den organisatorischen Aufbau der Kanzlei grafisch darzustellen. Helfen Sie Ahmet.

Aufbauorganisation Kanzlei Dr. Schmidt, Gerber & Partner

Kanzleileitung
(RA Dr. Lothar Schmidt)

Übungsaufgaben

1. Beschreiben Sie das Einlinien- und das Stabliniensystem und zeigen Sie je zwei Vor- und Nachteile auf.

2. Besorgen Sie sich ein Organigramm Ihrer ausbildenden Kanzlei und stellen Sie fest, nach welchem Leitungssystem die Kanzlei aufgebaut ist. Versuchen Sie sich in dieses Gesamtbild einzuordnen. Vergleichen Sie das Organigramm der Kanzlei Dr. Schmidt, Gerber & Partner mit dem Organigramm Ihrer ausbildenden Kanzlei und finden Sie Gemeinsamkeiten und Unterschiede.

3. Eine Konkurrenzanalyse ergab, dass vergleichbare Kanzleien überwiegend nach dem Mehrliniensystem organisiert sind. Unterbreiten Sie der Kanzleileitung einen Vorschlag, wie eine neue Mehrlinienorganisation aussehen könnte.

LERNSITUATION 3: *TELEFONATE SERVICEORIENTIERT FÜHREN*

In der Kanzlei Dr. Schmidt, Gerber & Partner erläutert Frau John ihren Auszubildenden gerade wie erledigte Akten abgelegt werden, als das Telefon klingelt. Herr Dr. Schmidt ist am Apparat und bittet um dringende Erledigung in einer Zwangsvollstreckungssache.

© vgstudio – Fotolia.com

Frau John: „Ich muss kurzfristig eine Zwangsvollstreckungssache erledigen. Könnte einer von Ihnen bitte an meinem Arbeitsplatz bleiben und eventuelle Anrufe entgegennehmen. Sie wissen ja wie das geht?"

Petra: „Klar, ich übernehme das gerne. Telefonieren kann ja jeder."

Frau John: „Gut, dann bis später."

Nach wenigen Minuten klingelt das Telefon von Frau John. Petra stellt das Radio aus und lächelt.

Petra: „Hallo, hier ist die Kanzlei Dr. Schmidt, Gerber & Partner, Petra Horch am Apparat."

Anrufer: „Guten Tag, mein Name ist Meier. Habe ich nicht die Durchwahl von Frau John gewählt?"

Petra: „Doch, ich vertrete sie heute. Frau John muss eine dringende Zwangsvollstreckungssache erledigen. Was kann ich denn für Sie tun?"

Anrufer: „Ach so. Könnten Sie Frau John bitte etwas ausrichten?"

Petra: „Aber gerne, Herr Meier. Schreiben Sie sich mit ‚ei'?"

Anrufer: „Ja, richtig mit Emil Ida, Frau John kennt mich aber. Es geht um meine Zahlungsklage, es gibt einen neuen Zeugen und ich hätte gerne einen Termin mit Rechtsanwalt …"

Petra: „… Ach ja, ich glaube ich weiß um welchen Fall es geht. Einen Moment bitte Herr Meier …"

Ahmet, der das Gespräch mitanhört, flüstert Petra zu, dass die Kanzlei mehrere Meiers in Zahlungsklagen vertritt.

Petra: „So, Herr Meier, da bin ich wieder. Könnten Sie mir bitte noch das Aktenzeichen nennen?"

Anrufer: „Meier gegen Becker, 02023/15 LS."

Petra: „Ist notiert. Ich werde Frau John ihre Rückrufbitte ausrichten."

Anrufer: „Vielen Dank. Auf Wiedersehen."

Petra: „Gerne, auf Wiedersehen Herr Meier."

Arbeitsaufträge

1. Ahmet hat das ganze Telefonat mitgehört und überlegt, welche Telefonregeln Petra eingehalten hat und was sie besser machen könnte.

   Analysieren Sie das Telefongespräch anhand der Telefonregeln. Stellen Sie tabellarisch gegenüber, was gelungen ist und an welchen Stellen es Verbesserungsvorschläge gibt.

Lob	Verbesserungsvorschläge

2. Ahmet überlegt, wie er Petra Feedback geben kann, ohne sie zu kränken. Zählen Sie auf, welche Regeln er beachten sollte und entwerfen Sie Möglichkeiten.

3. Entwerfen Sie mit einer Mitschülerin/einem Mitschüler das Telefongespräch neu, so wie es optimal geführt werden kann. Präsentieren Sie der Klasse Ihr Ergebnis als Rollenspiel.

Petra: ____

Herr Meier: ____

4. Bevor Frau John an ihren Arbeitsplatz zurückkommt, möchten Petra und Ahmed gemeinsam eine Telefonnotiz zu dem Telefonat mit Herrn Meier erstellen.

Fertigen Sie ein generelles Formular für Telefonnotizen in der Kanzlei Dr. Schmidt, Gerber & Partner an.

Füllen Sie das Formular mit den konkreten Informationen zum geführten Telefonat.

LERNSITUATION 4: BESPRECHUNGEN UND KONFERENZEN ORGANISIEREN

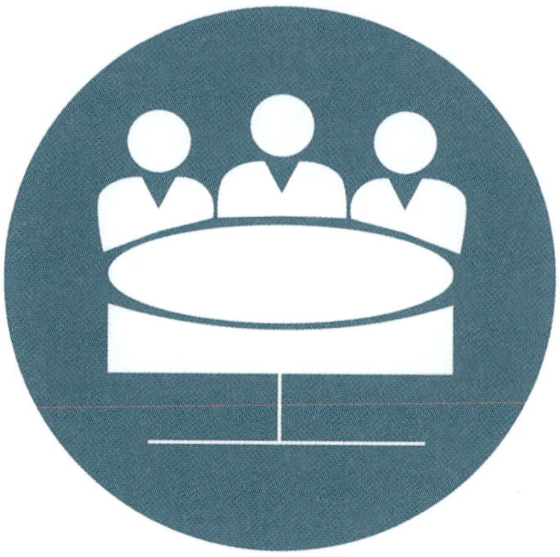

© Soulsisz – Fotolia.com

Gegen 16:00 Uhr wird in der Kanzlei Schmidt, Gerber & Partner die Ausgangspost bearbeitet. Diese Aufgabe hat heute Frau Horch unter Aufsicht von Frau John übernommen.

Frau Horch: „Frau John, kann ich morgen wieder die Ausgangspost fertig machen? Dann schreibe ich mir die einzelnen Schritte einmal genau auf, damit ich wirklich an alles denke, wenn ich diese Aufgabe zukünftig übernehme."

Frau John: „Natürlich, Frau Horch, gern. Das ist eine gute Idee, dass Sie sich die Arbeitsschritte notieren möchten, dann sind Sie sicher und können noch selbstständiger arbeiten."

Frau Horch: „Das mache ich. Haben wir so etwas auch für die Bearbeitung des Posteingangs?"

Frau John: „Nein. Schriftlich festgehalten haben wir die Arbeitsschritte für den Postein- und -ausgang bisher noch nicht, aber das sollten wir unbedingt einmal mit allen besprechen, damit sich alle angestellten Mitarbeiterinnen und Mitarbeiter auch in dem Fall, dass sie mal eine Vertretung übernehmen müssen, daran orientieren können."

Frau Horch: „Das finde ich gut! Beim Thema Posteingang sprechen wir doch sicher auch darüber, wie die Wiedervorlage genau organisiert ist, oder? Da bin ich mir manchmal noch nicht so sicher wie das alles funktioniert."

Frau John: „Ja, das können wir tun. Wir sollten diese Themen in die Tagesordnung unserer nächsten Besprechung der Mitarbeiterinnen und Mitarbeiter aufnehmen. Es schadet sicher nicht, wenn die allgemeinen Arbeitsabläufe in unserer Kanzlei von Zeit zu Zeit noch einmal besprochen, geprüft und für alle verbindlich festgehalten werden. Es schleichen sich doch immer wieder ein paar individuelle Arbeitsweisen ein, die auch zu Fehlern führen könnten und Frau Schmitz arbeitet ja auch noch nicht so lange in unserer Kanzlei. Ich denke, in dem Zusammenhang können wir auch gleich noch die bisherige Vertretungsregelung prüfen und eventuell neu festlegen."

Frau Horch: „Gestern habe ich mit Ahmet zusammengearbeitet und mich mit ihm über die Ausbildung unterhalten. Er hat mir erzählt, dass er im ersten Ausbildungsjahr nach einiger Zeit auch ein paar feste, eigene Aufgaben übernommen hat. Wird das bei mir auch so sein?"

Frau John: „Ja, Frau Horch, wir müssen dafür allerdings die Aufgaben, die unsere Auszubildenden übernehmen, jedes Jahr um diese Zeit neu festlegen. Auch das ist ein Tagesordnungspunkt für die nächste Besprechung. Aber eine eigene Aufgabe habe ich schon für Sie: Bereiten Sie doch bitte die nächste Besprechung der Mitarbeiterinnen und Mitarbeiter unter meiner Leitung vor. Von den Anwälten nehmen immer Herr Dr. Schmidt und Frau Dr. Hopfe daran teil."

Frau Horch: „Wann soll die Besprechung denn stattfinden?"

Frau John: „Frühestens übernächste Woche, aber auch die Woche danach wäre noch in Ordnung. Den Termin müssen Sie noch ermitteln, aber er sollte vormittags stattfinden, wenn die Eingangspost schon bearbeitet und mit den dazugehörigen Akten an die Anwältinnen und Anwälte verteilt ist. Meist sind wir spätestens um 09:30 Uhr damit fertig. Die Nachmittage halten wir in der Regel für Mandantenbesprechungen frei. Meistens dauern die Besprechungen ungefähr zwei bis drei Stunden, wenn man, je nach Thema, ungefähr 30 Minuten Zeit pro Tagesordnungspunkt veranschlagt. Am Ende können alle noch kurz die Anliegen oder Fragen ansprechen, die nicht konkret auf der Tagesordnung benannt sind. Wenn Sie Fragen zur Organisation der Besprechung haben, können Sie mich jederzeit ansprechen."

Frau Horch: „Das mache ich, vielen Dank, Frau John. Dann kann ich ja gleich morgen früh anfangen ..."

Arbeitsaufträge

Frau John bittet Frau Horch die Konferenz vorzubereiten. Unterstützen Sie sie dabei.

1. **Informieren Sie** sich zunächst in Ihrem Informationsband über **je eine Phase** zur **Vorbereitung, Nachbereitung und Durchführung** von Sitzungen und Konferenzen.

   Sammeln Sie in arbeitsteiligen Gruppen für die einzelnen Phasen auf Moderationskarten die **Aufgaben und Tätigkeiten,** die Frau Horch für die Besprechung der Mitarbeiterinnen und Mitarbeiter erledigen muss.

   Präsentieren Sie die Ergebnisse der Gruppen an der Tafel. **Besprechen, ordnen und ergänzen Sie** anschließend die genannten **Aufgaben und Tätigkeiten** im Plenum.

   Erstellen Sie anhand des Arbeitsergebnisses des Plenums am PC mit Ihrem Textverarbeitungsprogramm eine situationsgerechte Checkliste für die Besprechung.

2. Die Besprechung soll „frühestens übernächste Woche" stattfinden. **Ermitteln Sie,** von heute ausgehend, mithilfe einer **Terminabfrage** über einen Zeitraum von zwei Wochen einen Termin für die Konferenz. **Berücksichtigen Sie** dabei die in der Kanzlei für diesen Zeitraum bisher bekannten Informationen. **Kennzeichnen Sie** dazu bereits belegte Zeiträume, z. B. farbig. **Begründen Sie** die Terminwahl kurz.

Teilnehmer/-in	Woche 1	Woche 2
Herr Dr. Schmidt	Mo.: 10:00 Uhr: Termin Amtsgericht 14:00 Uhr: Teamtreffen Do.: 09:30 Uhr: Mandantenbesprechung 14:00 Uhr: Termin Landgericht Fr.: Urlaub	Mo.: 10:00 Uhr: Termin RAK 14:00 Uhr: Teamtreffen Mi.: 14:00 Uhr: Mandantenbesprechung Do.: 09:30 Uhr: Termin Amtsgericht (vormittags)
Frau Dr. Hopfe	Mo.: 10:00 Uhr: Termin Amtsgericht 14:00 Uhr: Teamtreffen Di.–Do.: Fortbildung Familienrecht Fr.: 09:30 Uhr: Termin Amtsgericht (vormittags)	Mo.: 14:00 Uhr: Teamtreffen Di.: 09:30 Uhr: Termin Amtsgericht (vormittags) Do.: 14:00 Uhr: Ortsbesichtigung Fr.: 10:00 Uhr: Mandantenbesprechung
Frau John	Mo.: 10:00 Uhr: Protokoll Besprechung RA Gerber 14:00 Uhr: Teamtreffen Do./Fr.: Urlaub	Mo.: 14:00 Uhr: Teamtreffen
Herr Hitzfeld	Urlaub	Di.: ganztägiges Seminar „Das anwaltliche Gebührenrecht"
Frau Schmitz	keine festen Termine	Do.: 14:00 Uhr: Ortsbesichtigung mit Frau Dr. Hopfe
Frau Horch	Mo.: vormittags Berufsschule 14:00 Uhr: Teamtreffen Do.: Berufsschule	Mo.: vormittags Berufsschule 14:00 Uhr: Teamtreffen Do.: Berufsschule
Herr Ince	Mo.: 14:00 Uhr: Teamtreffen Di.: Berufsschule Fr.: vormittags Berufsschule nachmittags Kanzlei	Mo.: 14:00 Uhr: Teamtreffen Di.: Berufsschule Fr.: vormittags Berufsschule nachmittags Kanzlei

LERNFELD 2

Terminabfrage Woche 1

Datum / Name	Montag, .20		Dienstag, .20		Mittwoch, .20		Donnerstag, .20		Freitag, .20	
	Vorm.	Nachm.	Vorm.	Nachm.	Vorm.	Nachm.	Vorm.	Nachm.	Vorm.	Nachm.

Terminabfrage Woche 2

Datum / Name	Montag, .20		Dienstag, .20		Mittwoch, .20		Donnerstag, .20		Freitag, .20	
	Vorm.	Nachm.	Vorm.	Nachm.	Vorm.	Nachm.	Vorm.	Nachm.	Vorm.	Nachm.

Terminwahl und Begründung:

____

____

____

____

____

____

3. **Markieren Sie** in der Situation die **Tagesordnungspunkte für die Besprechung. Entwerfen Sie** anschließend zunächst auf der abgebildeten Vorlage eine **Tagesordnung** und **besprechen Sie** die **Inhalte** im Plenum. Achten Sie darauf, die Punkte als angestrebte Zustände bzw. gewünschte Ergebnisse zu formulieren. **Gestalten Sie** die Tagesordnung anschließend mit Ihrem Textverarbeitungsprogramm am PC.

DR. SCHMIDT · GERBER & PARTNER
RECHTSANWÄLTE
Gesellschaft bürgerlichen Rechts

4. **Formulieren Sie die Einladung** für alle Teilnehmerinnen und Teilnehmer als E-Mail. Fügen Sie die Tagesordnung als Anhang hinzu. Laden Sie im Namen von Dr. Schmidt ein, die Einladung wird von Frau John an alle Teilnehmerinnen und Teilnehmer versandt.

Eingang Gesendet Entwürfe

An:
Kopie:
Betreff:
Von:

5. Frau Horch soll während der Konferenz zum ersten Mal ein Ergebnisprotokoll führen.

   a) **Informieren Sie sich** über die unterschiedlichen **Protokollarten.** Halten Sie die wesentlichen Kriterien stichwortartig in der folgenden Tabelle fest.

Protokolltypen, für Berichte über Konferenzen und Besprechungen		

   b) **Informieren Sie sich** in Ihrem Informationsband über den Aufbau und die Inhalte eines **Protokollrahmens** und **gestalten Sie** ihn für die Kanzlei Schmidt, Gerber & Partner mit Ihrem Textverarbeitungsprogramm am PC.

Aufgaben

1. Wozu dienen Protokolle? Recherchieren Sie im Internet.

2. Informieren Sie sich im Internet über die unterschiedlichen Sitzordnungen für Veranstaltungen und nennen Sie die unterschiedlichen Möglichkeiten der Bestuhlung.

3. Welche Sitzordnung wählen Sie
   a) für eine Konferenz oder Besprechung, während der die Teilnehmenden die Möglichkeit haben müssen sich Notizen zu machen?
   b) für einen Vortrag, bei dem die Teilnehmenden nicht mitschreiben müssen?

LERNSITUATION 5:
GRUNDLEGENDE ERKENNTNISSE DES ZEITMANAGEMENTS NUTZEN

© inesbazdar – Fotolia.com

Petra Horch, Auszubildende zur Rechtsanwaltsfachangestellten bei Dr. Schmidt, Gerber & Partner, kommt nach der Mittagspause sichtbar genervt zu Ihnen und beschwert sich: „Du musst mir jetzt unbedingt mal helfen, mir läuft die Zeit weg! Ich muss dringend eine Berufungsschrift verfassen, die heute noch zur Post muss, sonst verpassen wir die Frist. Das weiß ich zwar schon seit gestern Morgen, aber in dem ganzen Chaos habe ich das doch glatt vergessen, obwohl ich mir für jede Aufgabe einen Zettel schreibe und ihn auf den Schreibtisch lege. Außerdem muss ich noch Akten für Herrn Dr. Schmidt und Herrn Gerber für die Besprechungen mit ihren Mandanten um 14:00 Uhr heraussuchen, dringend einen Mandanten wegen eines Termins übermorgen Nachmittag anrufen, der Schreibtisch läuft über … Mir platzt der Kopf! Wo soll ich nur anfangen?"

Unterstützen Sie Frau Horch dabei, ihre Arbeitsabläufe besser zu organisieren, indem Sie ihr dabei helfen, einige grundlegende Erkenntnisse des Zeitmanagements kennenzulernen und zu nutzen.

Arbeitsaufträge

1. Verschaffen Sie sich zunächst einen Überblick über die grundlegenden Erkenntnisse des Zeitmanagements.

   Phase A – Einzelarbeit

   Informieren Sie sich in Ihrem Informationsband über eines der folgenden Themen:

   – Thema 1: Arbeitsprozesse effizient und aktiv gestalten **sowie** Zeitmanagement bei bürowirtschaftlichen Abläufen

   – Thema 2: Methoden des Zeitmanagements

   – Thema 3: Mögliche Störungen, Zeitdiebe und Zeitfallen bei Arbeitsprozessen erkennen **sowie** Techniken des Selbstmanagements kennenlernen

   Notieren Sie während des Lesens wichtige Informationen stichwortartig.

   Phase B – Partner- oder Gruppenarbeit

   Bilden Sie Gruppen mit mindestens zwei, maximal vier Mitgliedern, die sich mit demselben Thema beschäftigt haben. Vergleichen und besprechen Sie Ihre Ergebnisse aus Phase A und erstellen Sie ein gemeinsames Merkblatt mit den wichtigsten Informationen – eine Seite, Format A4.

   Phase C – Präsentation und Feedback

   Präsentieren Sie Ihr Ergebnis aus Phase B und geben Sie sich gegenseitig Feedback zu den Inhalten und der Vortragsweise:

   – **entweder** im Plenum

   – **oder** in gemischten Kleingruppen, die aus mindestens drei Experten zu jeweils einem anderen der drei unterschiedlichen Themen gebildet werden.

2. Frau Horch arbeitet täglich von 08:00 bis 17:00 Uhr. Zwischen 12:30 und 13:30 Uhr macht sie eine Stunde Mittagspause. Die Auszubildenden sind der Bürovorsteherin, Frau John, unterstellt. Frau Horch bearbeitet alle Vorgänge für die Anwälte Dr. Lothar Schmidt (LS) und Achim Gerber (AG). Der Auszubildende Ahmet Ince arbeitet für die Anwälte Dr. Frauke Hansen (FH) und Sebastian Gerlach (SG).

   Dies sind Frau Horchs Notizzettel mit ihren Terminen und Aufgaben für den nächsten Tag:

1 für Ahmet Ergänzungslieferung Gesetzestexte in die Loseblattsammlungen einsortieren

2 14:00 Uhr: Protokoll führen, Besprechung Dr. Schmidt/Mandantin Brün AG, Az.: 02225/20 LS, wg. Gerichtstermin in 2 Wochen, ca. 60 Min.

3 neue Akte mit Mandantenaufnahmebogen für Herrn Martin Briegel anlegen; Briegel ./. Günther, Az.: 03059/21 LS, ca. 10 Min.

4 Anwaltliches Aufforderungsschreiben Frank ./. Dacher schreiben, Az.: 02087/21 AG, ca. 25 Min.

5 meine Geburtstagseinladungen schreiben und drucken; Einkaufsliste schreiben, ca. 30 Min.

6 10:45 Uhr: Schulung aller Auszubildenden mit Frau John und RA Gerlach: Thema „Fristen berechnen", 60 Min.

7 08:30 Uhr: Post mit Frau John kontrollieren, Akten dazu für Dr. Schmidt und Herrn Gerber raussuchen und verteilen, ca. 30 Min.

8 Ablage für alle machen, ca. 60 Min.

9 wegen Organisation meiner Geburtstagsfeier mit Mama telefonieren, ca. 20 Min.

10 Besprechungstermin Dr. Schmidt/Mandant Dirk Mergert vereinbaren, Az.: 02163/20 LS (nächste Woche Mittwoch, 14:00 Uhr)

11 aus Aktenrücklauf von Dr. L. Schmidt und A. Gerber, Fristen in den Fristenkalender eintragen, ca. 15 Min.

12 08:00 Uhr: Post abholen, ca. 15 Min.

13 Ahmets Bitte: Bestellung über Büromaterial für ihn schreiben (DRINGEND!; für Frau John), ca. 15 Min.

14 Berufung Wingert ./. Friedrich, Az.: 02056/20 AG, unbedingt heute schreiben (Post geht um 17:00 Uhr raus), ca. 25 Min.

15 Besprechungsraum für die Schulung „Fristen berechnen" vorbereiten, ca. 15 Min.

16 Besprechungstermin Herr Gerber/Mandantin Ina Heidrich vereinbaren, Az.: 02098/21 AG (nächste Woche Dienstag, 10:00 Uhr)

17 Möbelhaus wegen der neuen Wohnzimmermöbel anrufen (mal nachhören, was es Neues gibt), ca. 5 Min.

a) Informieren Sie sich im Internet über die 60:40-Regel.

Entscheiden Sie nun anhand Ihrer Erkenntnisse hierzu und aus Aufgabe 1, welche Termine und Aufgaben in den Tagesplan eingetragen werden müssen.

Kennzeichnen Sie die Notizzettel, die Sie aussortieren. Begründen Sie in der Tabelle schriftlich kurz, warum Sie die Zettel aussortieren. Notieren Sie außerdem die Termine.

Die 60:40-Regel besagt, dass ...

Zettel Nr.	Aussortieren, weil ...

Zettel Nr.	Termin

b) Tragen Sie anschließend zunächst nur die **Termine** in den Tageskalender ein. In der Spalte „D", rechts neben der Uhrzeit, können Sie die Dauer eines Termins bzw. der Aufgaben kennzeichnen. Alternativ können Sie den Tagesplan z. B. in Outlook erstellen.

Ordnen Sie nun den **Aufgaben,** die Frau Horch erledigen muss, Prioritäten zu und begründen Sie Ihre Entscheidung kurz. Tragen Sie die Aufgaben zunächst in den Aufgabenbereich des Tagesplans und anschließend als Blöcke in den Terminbereich ein.

Zettel Nr.	Priorität	Begründung

Tagesplan **Datum:**

🕒	D		☑
08:00			
08:15			
08:30			
08:45			
09:00			
09:15			
09:30			
09:45			
10:00			
10:15			
10:30			
10:45			
11:00			
11:15			
11:30			
11:45			
12:00			
12:15			
12:30			
12:45			

🕒	D		☑
13:00			
13:15			
13:30			
13:45			
14:00			
14:15			
14:30			
14:45			
15:00			
15:15			
15:30			
15:45			
16:00			
16:15			
16:30			
16:45			
17:00			
17:15			
17:30			
17:45			

ABC	Nr.	Aufgabe	☑
		✆ Telefonieren	
		Telefax	
		@ E-Mail	

ABC	Nr.	Aufgabe	☑
		✉ Schreiben	
		Erledigen	

c) Welche Methode des Zeitmanagements kann Frau Horch für ihre Terminplanung anwenden?

d) Wie sollte Frau Horch sich verhalten, wenn sie die für den nächsten Tag eingeplanten Tätigkeiten nicht vollständig erledigen kann? Welche Ursachen könnte dies haben?

Aufgaben

1. Wodurch unterscheiden sich feste und bewegliche Termine?

2. Handelt es sich um einen **festen** oder einen **beweglichen** Termin? Kreuzen Sie an:

Termin	fest	beweglich
Zahlung der monatlichen Miete für die Kanzleiräume	❑	❑
Besprechung der Mitarbeiterinnen und Mitarbeiter	❑	❑
Telefonische Terminvereinbarung mit dem Mandanten Klaus Wehr	❑	❑
Jährliche Juristenmesse in München	❑	❑
Besprechung mit der Mandantin Vera Huhn innerhalb der nächsten Woche	❑	❑
Vorstellungsgespräch einer Bewerberin für die Ausbildung zur Rechtsanwaltsfachangestellten, Ausbildungsbeginn: Sommer n. J.	❑	❑
Jährlicher Betriebsausflug	❑	❑
Bestellung von neuem Büromaterial	❑	❑

3. Welche **Fragen** klären Sie, bevor Sie den **Termin** für eine Besprechung der Mitarbeiterinnen und Mitarbeiter der Kanzlei **endgültig festlegen?**

4. Welche Probleme können bei der Organisation bzw. Koordination von Terminen auftreten?

5. Erläutern Sie, welche Hilfsmittel zur **Terminplanung** in Ihrer Kanzlei zu welchem Zweck eingesetzt werden.

LERNSITUATION 6: POSTEIN- UND -AUSGANG ORGANISIEREN

Petra Horch hat inzwischen die Besprechung der angestellten Mitarbeiterinnen und Mitarbeiter der Kanzlei Schmidt, Gerber & Partner organisiert (vgl. Lernsituation 4). Sie soll zukünftig – abwechselnd mit Herrn Ince – auch selbstständig die Eingangs- und die Ausgangspost der Kanzlei bearbeiten. Darauf will sie sich schon jetzt gut vorbereiten. Gleichzeitig nutzt sie die Gelegenheit, um Unterlagen und Arbeitshilfen für den Tagesordnungspunkt **„Bearbeitung des Postein- und -ausgangs"** zu erstellen, die sie Frau John für die Besprechung vorlegen möchte.

Arbeitsaufträge

1. Petra Horch informiert sich über die **Bearbeitung des Posteingangs** und erfährt, dass es sinnvoll ist, wenn größere Betriebe mehreren Mitarbeiterinnen und Mitarbeitern eine Postvollmacht ausstellen, z. B. in Form einer einfachen schriftlichen Erklärung. Die Deutsche Post AG bietet in ihren Filialen bereits vorgefertigte Vollmachterklärungen („Innenvollmacht") an.

   a) Warum ist es wichtig, dass Beschäftigte, die die Post eines Betriebes in Empfang nehmen, eine solche Vollmacht erhalten?

   ____

   ____

   ____

   ____

   ____

   ____

   b) In der Kanzlei Schmidt, Gerber & Partner weisen sich alle Mitarbeiterinnen und Mitarbeiter, die Postsendungen in Empfang nehmen dürfen, mit der Vollmachterklärung der Deutschen Post AG aus. Petra Horch besorgt sich den Vordruck und füllt ihn aus. Frau John hat sie gebeten darauf zu achten, dass sie alle Postsendungen entgegennehmen darf und ihr eine Vollmacht bis zum Ende ihrer Ausbildung erteilt wird.

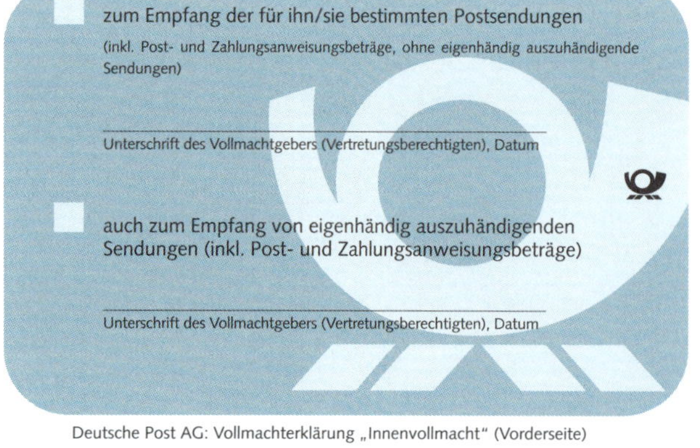

☐ zum Empfang der für ihn/sie bestimmten Postsendungen
(inkl. Post- und Zahlungsanweisungsbeträge, ohne eigenhändig auszuhändigende Sendungen)

Unterschrift des Vollmachtgebers (Vertretungsberechtigten), Datum

☐ auch zum Empfang von eigenhändig auszuhändigenden Sendungen (inkl. Post- und Zahlungsanweisungsbeträge)

Unterschrift des Vollmachtgebers (Vertretungsberechtigten), Datum

Deutsche Post AG: Vollmachterklärung „Innenvollmacht" (Vorderseite)

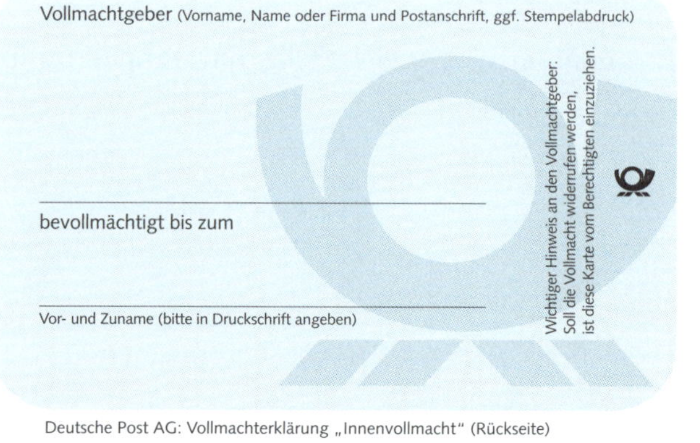

Vollmachtgeber (Vorname, Name oder Firma und Postanschrift, ggf. Stempelabdruck)

bevollmächtigt bis zum

Vor- und Zuname (bitte in Druckschrift angeben)

Wichtiger Hinweis an den Vollmachtgeber:
Soll die Vollmacht widerrufen werden,
ist diese Karte vom Berechtigten einzuziehen.

Deutsche Post AG: Vollmachterklärung „Innenvollmacht" (Rückseite)

2. Als Nächstes informiert sich Petra Horch über die einzelnen Schritte zur Bearbeitung des Eingangs von Briefsendungen, Päckchen oder Paketen. Sie erstellt ein Schaubild, in dem sie den Bearbeitungsablauf mit den dazugehörigen Hilfsmitteln darstellt.

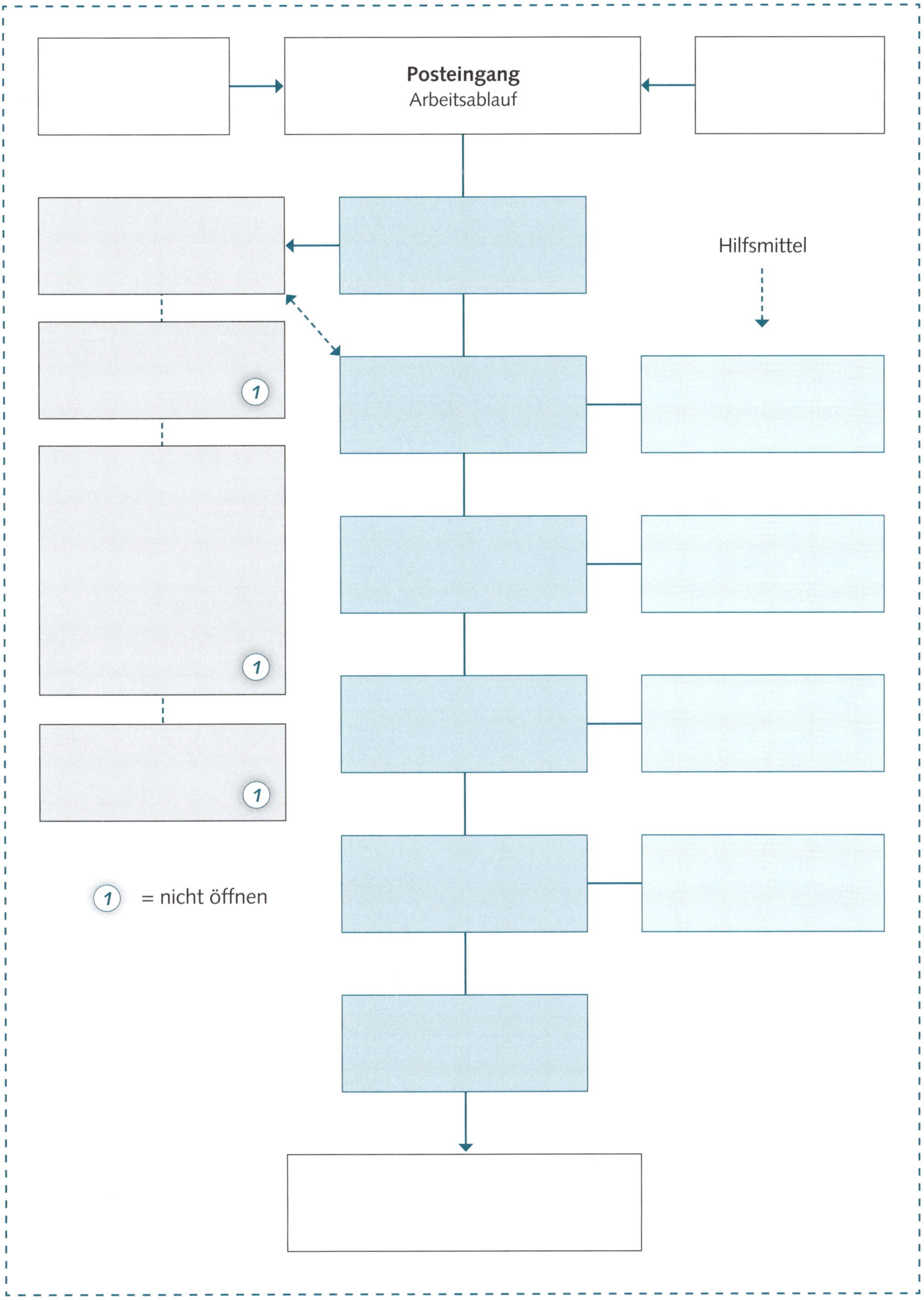

3. Heute liegen Petra die folgenden Briefe vor. Sie muss entscheiden, ob sie die Sendung öffnen darf oder nicht.

Herrn Rechtsanwalt Dr. Lothar Schmidt Rechtsanwaltskanzlei Dr. Schmidt, Gerber & Partner Lindenstraße 20 40477 Düsseldorf	❑ öffnen ❑ nicht öffnen Begründung/Weiterleitung: ______________________________ ______________________________
Rechtsanwaltskanzlei Dr. Schmidt, Gerber & Partner Frau Rechtsanwältin Caroline Keller Postfach 1 05 66 20 40477 Düsseldorf	❑ öffnen ❑ nicht öffnen Begründung/Weiterleitung: ______________________________ ______________________________
Rechtsanwaltskanzlei Dr. Martin Schmidt Kölner Straße 55 40477 Düsseldorf	❑ öffnen ❑ nicht öffnen Begründung/Weiterleitung: ______________________________ ______________________________
Dr. Schmidt, Gerber & Partner Postfach 1 05 66 20 40477 Düsseldorf	❑ öffnen ❑ nicht öffnen Begründung/Weiterleitung: ______________________________ ______________________________
Frau Rechtsanwältin Dr. Frauke Hansen Lindenstraße 20 40477 Düsseldorf	❑ öffnen ❑ nicht öffnen Begründung/Weiterleitung: ______________________________ ______________________________

4. Petra Horch hat die Eingangspost vorsortiert, die Geschäftsbriefe geöffnet und die Leerkontrolle durchgeführt. Ihr liegen u. a. die folgenden Schriftstücke vor:
   a) eine Sterbeurkunde mit Anschreiben für Rechtsanwalt Gerber
   b) das Schreiben eines Mandanten an Rechtsanwältin Dr. Hopfe, in dem der Mandant einen Sachverhalt schildert; das Briefdatum liegt zwei Wochen vor dem Datum des Poststempels
   c) ein Handelsregisterauszug mit Anschreiben an Frau Rechtsanwältin Teske
   d) die monatlich erscheinende Fachzeitschrift für Familien- und Erbrecht
   e) ein Bewerbungsschreiben an die Kanzlei Dr. Schmidt, Gerber & Partner mit mehreren Anlagen (Lebenslauf, beglaubigte Zeugniskopien, Praktikumsbescheinigungen)
   f) das Urteil im Verfahren Müller ./. Gerber, Amtsgericht Köln, Az.: 2 C 119/... mit Begleitschreiben und Empfangsbekenntnis

   Worauf muss Petra bei der weiteren Bearbeitung der einzelnen Schriftstücke **besonders** achten?

5. Am Nachmittag bearbeitet Petra Horch die **Ausgangspost** und erstellt auch für diese Tätigkeit ein Schaubild. Unterstützen Sie Petra, indem Sie sich zunächst über die **Arbeitsschritte des Postausgangs** (Tagespost) informieren. Stellen Sie anschließend ihren Ablauf als Schema dar und nehmen Sie Hinweise und Hilfsmittel auf.

Arbeitsablauf zur Bearbeitung des Postausgangs

6. Petra liegen u. a. die folgenden Schriftstücke im A4-Format für den Versand innerhalb Deutschlands vor:

a) 1-seitige Vergütungsrechnung Nr. 20/LS 0159 an die Mandantin Monika Werner, Rheinstraße 10, 40233 Düsseldorf ohne Anlagen (A4) Gewicht: 5 g, Höhe: 2 mm

b) 2-seitige Berufungsschrift (A4) Frey ./. Lauer, Az.: 1. Instanz 2 C 367/…, an das Landgericht Düsseldorf, Postfach 10 34 61, 40025 Düsseldorf, mit Anlagen im Umfang von 10 Seiten (A4), Gewicht: 60 g, Höhe: 5 mm

c) 3-seitiges Schreiben (A4) zur Verkehrsunfallsache Müller ./. Breuning, Az.: 05035/… CH, an die Versicherung der Gegenseite, das Dr. Schmidts Mandantin, Jutta Müller, Brandweg 4, 40211 Düsseldorf, zu ihrer Information mit Kurzbrief (1/3 A4) zugesandt werden soll, Gewicht: 17 g, Höhe: 3 mm

d) 2-seitiges Original eines Arbeitszeugnisses (A4), das der Mandantin Silke Benner, Eichenallee 12, 40212 Düsseldorf, nach Prüfung durch Rechtsanwältin Keller mit einem 1-seitigen Begleitschreiben per Einschreiben Eigenhändig zurückgeschickt werden soll, Az.: 06019/... CK, Gewicht: 15 g, Höhe: 3 mm

e) 2-seitiges anwaltliches Aufforderungsschreiben (A4) in der Sache Weier ./. Reining an Herrn Fritz Reining, Zur Alten Brücke 2, 40229 Dortmund, Az.: 03047/... JK, das per Einschreiben Rückschein versandt werden soll, Gewicht: 12 g inklusive Rückschein, Höhe: 3 mm

f) 6-seitige Darstellung eines Sachverhalts in einem Scheidungsverfahren Wagner ./. Wagner (A4), Az.: 02117/... LS, das dem Mandanten Hans Wagner, Poststraße 97, 40470 Düsseldorf, zur Kenntnis mit einem 1-seitigen Begleitschreiben (A4) zugesandt werden soll, Gewicht: 35 g, Höhe: 4 mm

g) 60-seitige, gebundene und beglaubigte Kopie eines Vertrages (A4), die der Mandantin IMMO Verwaltungs GmbH, Postfach 56 89 23, 40592 Düsseldorf, mit einem 1-seitigen Begleitschreiben, Az.: 04059/... AG zurückgesandt werden soll, Gewicht: 115 g, Höhe: 21 mm

Unterstützen Sie Petra dabei, mithilfe Ihres Informationsbandes, des Internets sowie der Broschüre „Leistungen und Preise" der Deutschen Post AG alle notwendigen Informationen für den Versand der Schriftstücke zu ermitteln. Notieren Sie Ihre Ergebnisse in der Tabelle:

Sendung	Falzart	Briefhülle	Maße in mm	Gesamtgewicht in g	Sendungsart und Zusatzleistungen	Porto in €
a)		Gewicht: 4 g Format:	L: B: H:			
b)		Gewicht: 15 g Format:	L: B: H:			
c)		Gewicht: 4 g Format:	L: B: H:			
d)		Gewicht: 15 g Format:	L: B: H:			
e)		Gewicht: 4 g Format:	L: B: H:			
f)		Gewicht: 9 g Format:	L: B: H:			
g)		Gewicht: 25 g Format:	L: B: H:			

Bevor Petra die Schriftstücke kuvertiert, trägt sie sie in das Postausgangsbuch ein.

Postausgangsbuch

lfd. Nr.	Datum	Empfänger	Betreff	Anlagen	Bemerkungen	Bearbeiter/-in
826						

Aufgaben

1. Erläutern Sie den Unterschied zwischen **Post- und Briefgeheimnis**.

2. Recherchieren Sie im Internet:

   a) Wie und zu welchen Bedingungen kann ein **Postfach** eingerichtet werden?

   b) Welche Vorteile bringt ein **Postfach**?

   c) Welche Sendungen werden nicht in das **Postfach** eingelegt?

3. Worauf müssen Sie achten, wenn Sie die folgende Sendung in Empfang nehmen wollen?

   Einschreiben Eigenhändig
   Herrn Rechtsanwalt
   Dr. Lothar Schmidt
   Schmidt, Gerber & Partner
   Postfach 1 05 66 20
   40477 Düsseldorf

4. Welche Informationen enthält der **Posteingangsstempel**?

5. Welche **Kontrollen** werden bei der Bearbeitung des **Posteingangs** durchgeführt?

6. Nennen Sie die **Basisprodukte des Brief-Einzelversandes der Deutschen Post AG** und ergänzen Sie die fehlenden Informationen.

Sendungsart	max. Länge	max. Breite	max. Höhe	max. Gewicht	Porto Inland

7. Erläutern Sie die unterschiedlichen **Varianten des Einschreibens**.

Einschreiben Einwurf →	
Einschreiben →	
Einschreiben Eigenhändig →	
Einschreiben Rückschein →	
Einschreiben Eigenhändig Rückschein →	

8. In der **Ausgangspost** befindet sich ein Schriftstück, mit dem die Kanzlei Dr. Schmidt, Gerber & Partner das Zeitschriften-Abonnement „Der Anwalt" beim Fachverlag Anwalt, Postfach 5 67 97, 80637 München, per Einschreiben Rückschein kündigen will. Füllen Sie die notwendigen Formulare (Einschreiben Universal Label und Rückschein) aus und ergänzen Sie die Erklärungen zu den gekennzeichneten Teilen der Formulare.

Teil 1:

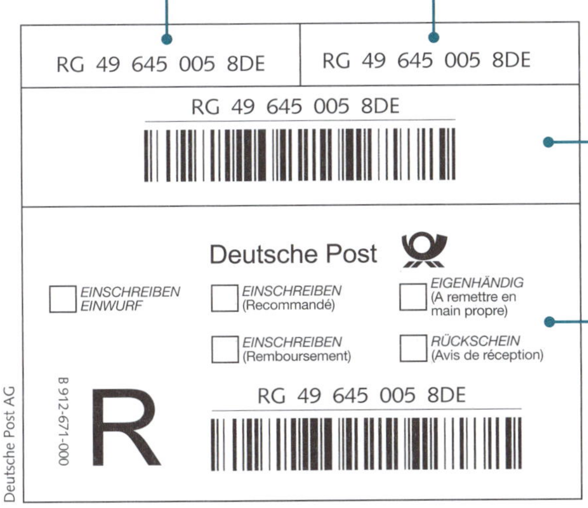

Teil 2:

Teil 3:

Deutsche Post

Rückschein National

Entgelt bezahlt

Sehr geehrte Kundin,
sehr geehrter Kunde!

Tragen Sie bitte rechts Ihre vollständige Adresse ein.

Füllen Sie bitte auch auf der Rückseite folgende Felder aus:

- „Empfänger der Sendung“
- ggf. „Sendungsnummer/Identcode“

Vergessen Sie Ihre Adresse nicht!

Bitte zurücksenden an: (1)

Name

Vorname

Straße und Hausnummer oder Postfach

Postleitzahl, Ort

Deutsche Post AG: Rückschein National

Erläuterungen zu (1)

Rückschein National

Bitte **unbedingt** die Rückseite ausfüllen!

Sendungsnummer/Identcode

(2)

Auslieferungsvermerk

☐ Empfänger ☐ Ehegatte
☐ Empfangsbevollmächtigter (3)
☐ Anderer Empfangsberechtigter
(Ersatzempfänger gemäß AGB BRIEF NATIONAL bzw. AGB PAKET/EXPRESS NATIONAL)

Ich habe die Sendung dem Empfangsberechtigten übergeben:

Datum

Postmitarbeiter/Zusteller: Unterschrift
✗

Empfänger der Sendung

Name, Vorname/Firma

Straße und Hausnummer oder Postfach

Postleitzahl, Ort

Empfangsbestätigung

Name, Vorname/Firma

Ich bestätige, die Sendung am heutigen Tag erhalten zu haben.

Datum (4)

Empfangsberechtigter: Unterschrift (5)
✗

Deutsche Post AG: Rückschein National

Erläuterungen zu (2)

Erläuterungen zu (3)

Erläuterungen zu (4)

Erläuterungen zu (5)

9. Werden Akten versandt, erreichen Sendungen schnell ein Gewicht von 2 kg und mehr. Ermitteln Sie im Internet für die Postdienstleister **DHL, Hermes** und **GLS** die Portokosten bei Abgabe in der Filiale für die folgenden nationalen Sendungen:

a) Die Sendung wiegt 2 kg, hat maximal die Maße 30 × 30 × 15 cm (L × B × H):

DHL			Hermes			GLS		
Bezeichnung der Sendung	Onlinepreis/€	Normalpreis/€	Bezeichnung der Sendung	Onlinepreis/€	Normalpreis/€	Bezeichnung der Sendung	Onlinepreis/€	Normalpreis/€
Günstigster Versand:								

b) Die Sendung wiegt 5 kg, hat maximal die Maße 60 × 30 × 15 cm (L × B × H):

DHL			Hermes			GLS		
Bezeichnung der Sendung	Onlinepreis/€	Normalpreis/€	Bezeichnung der Sendung	Onlinepreis/€	Normalpreis/€	Bezeichnung der Sendung	Onlinepreis/€	Normalpreis/€
Günstigster Versand:								

LERNSITUATION 7: AKTENVERWALTUNG ORGANISIEREN

Zu den Aufgaben der Auszubildenden Petra Horch und Ahmet Ince gehört es, jeden Tag Akten herauszusuchen und am Nachmittag Schriftstücke, die im Laufe des Tages eingegangen sind oder erstellt bzw. bearbeitet wurden, in den entsprechenden Akten abzulegen. Morgens suchen sie die Akten zur Wiedervorlage und zu Vorgängen aus der Eingangspost heraus:

Petra: „Kompliziert! So richtig klar ist mir das alles mit der Ablage in unserer Kanzlei noch nicht … Akten in unterschiedlichen Farben und Formen, die, mal gelocht und mal nicht gelocht, an unterschiedlichen Orten herausgesucht und abgelegt werden."

Ahmet: „Da hast du Recht! Ich habe auch eine ganze Weile gebraucht, bis ich das verstanden habe. Die Farben haben bei uns etwas mit den Anwälten zu tun: Gelb für Herrn Dr. Schmidt, Orange für Herrn Gerber, Rot für Frau Dr. Hansen, Grün für Herrn Gerlach, Blau für Frau Dr. Hopfe, Grau für Herrn Dr. Schweighöfer und Beige für Frau Keller. Dann gibt es noch Stecksignale für die unterschiedlichen Rechtsgebiete, z. B. Familien- und Erbrecht, Mietrecht, Verkehrsrecht, Arbeitsrecht oder Strafrecht. Daran musste ich denken, als ich das letzte Mal neue Hefter und Zubehör bestellt habe. Die Handakten bewahren wir immer in dem Bereich der Anwältin oder des Anwalts auf, die oder der für die Bearbeitung zuständig ist."

Petra: „Gut das habe ich schon mal verstanden. Und bei den einzelnen Anwälten sind die Akten in den Schränken alphabetisch geordnet. Aber das Wissen reicht sicher noch nicht ganz aus, da gibt es bestimmt noch viele andere Informationen, nach denen man Schriftstücke ordnen kann. Und … irgendwann sind die Schränke doch auch mal voll!"

Ahmet: „Anfang dieses Jahres habe ich dabei geholfen Akten aus den Schränken in den Abteilungen auszusortieren. Da hatten wir wieder Platz für die neuen Sachen. Ich glaube, das müssen wir jedes Jahr machen. Aber wegschmeißen konnten wir die Vorgänge noch nicht. Am besten schauen wir uns mal alles zu dem Thema zusammen an. Ich bin nämlich auch noch kein Profi auf dem Gebiet."

Petra: „Gute Idee! Je schneller wir das alles verstanden habe, desto besser können wir unsere Arbeit selbstständig und richtig erledigen, aber vor allem alles schnell wiederfinden …"

Arbeitsaufträge

1. Zunächst informieren sich Petra und Ahmet über mögliche **Ordnungssysteme.** Anschließend überlegen die Auszubildenden anhand einiger ihnen heute vorliegender Schriftstücke, welche Angaben darin Hinweise für die Ablage geben können und wonach sie demnach grundsätzlich geordnet werden könnten. Ergänzen Sie:

Fall	Hinweise	Ordnung nach …
a) Rechnung Nr. 2582 vom 17.11.20.. über Büromaterial von Bürobedarf Schneider & Söhne an die Kanzlei		

Fall	Hinweise	Ordnung nach …
b) Ergebnisprotokoll Nr. 10 vom 18.11.20.. über die Besprechung der Mitarbeiterinnen und Mitarbeiter		
c) Urteil des Amtsgerichts Düsseldorf vom 02.11.2020 für den Mandanten Peter Müller (Müller ./. Reuter), Az. des Gerichts: 2 C 432/20; Az. der Kanzlei: 02195/20 LS; die Kanzlei führt mehrere Akten für den Mandanten		
d) Fachzeitschrift „Der Anwalt" vom letzten Monat (Umlauf innerhalb der Kanzlei bereits erledigt)		

2. Sowohl Petra als auch Ahmet verbringen hin und wieder viel Zeit mit dem Suchen nach falsch eingeordneten Akten. Beide sind der Meinung, dass sie Fehler bei der Ablage zukünftig besser vermeiden können, indem sie sich einmal gründlich mit den **Regeln zum alphabetischen Ordnen** befassen. Sie fragen Frau John nach Informationen. Die Bürovorsteherin erklärt den Auszubildenden, dass die Mandantenakten in der Kanzlei nach **DIN 5007,** die das **Ordnen von Schriftzeichenfolgen** regelt, geordnet werden. Sie händigt Petra und Ahmet die Informationen für die alphabetische Ordnung von Namen aus und erklärt kurz:

„Damit ihr beiden euch gleich nicht wundert: Bei den **Umlauten ä, ö und ü** muss man wissen, dass es zwei mögliche Ordnungsvarianten gibt. Nach den allgemeinen **ABC-Regeln der DIN 5007-1** werden sie auf den Grundbuchstaben zurückgeführt: ä wird wie a eingeordnet, ö wie o und ü wie u. Nur wenn die Schreibung ansonsten gleich ist, wie bei „Volke" und „Völke", steht o vor ö. Diese Regelung gilt beispielsweise für Lexika, weil die darin zu ordnenden Begriffe nur unter einer Schreibung eingetragen werden müssen.

In Namenslisten werden **ä, ö und ü** nach den **Ansetzungsregeln der DIN 5007-2** wie **ae, oe und ue** behandelt und eingeordnet, weil es für Namen unterschiedliche Schreibweisen geben kann. Das hat den Vorteil, dass alle Mandantenakten zum Nachnamen **Möller mit ö** bzw. **Moeller mit oe** eine Einheit bilden, egal wie der Name geschrieben wird. Das wissen wir ja nicht immer sofort."

Regeln für das alphabetische Ordnen

Geordnet wird nach der Buchstabenfolge des Alphabets. Maßgeblich ist zunächst der Anfangsbuchstabe des Ordnungswortes. Ist der Anfangsbuchstabe gleich, wird nach den folgenden Buchstaben geordnet.

1. Ordnen von Personennamen

- Geordnet wird nach dem Familiennamen. Bei gleichen Namen gilt folgende Rangfolge:
  1. Ordnungswort = Familienname
  2. Ordnungswort = Vorname
  3. Ordnungswort = Wohnort
  4. Ordnungswort = Straßenname
- Bei gleichlautenden Namen, z. B. Mueller, Müller, stehen ae, oe, ue vor ä, ö, ü. Wenn möglich, wird nach dem zweiten Ordnungswort geordnet.
- Das Eszett wird eingeordnet wie ss. Ist die Schreibung ansonsten gleich, steht ss vor ß. Wenn möglich, wird nach dem zweiten Ordnungswort geordnet.
- Diakritische Zeichen wie z. B. ´ ` ^ ~ ¯ usw. werden nicht berücksichtigt.
- „Gebrüder" und „Geschwister" gelten als Vornamen. Abgekürzte Vornamen werden wie selbstständige Wörter behandelt.
- Akademische Grade (z. B. Dr., Dipl.-Ing., B. A.) oder historische Namenszusätze (z. B. Freiherr) werden hinter den Namen gestellt und nicht berücksichtigt. Dies gilt auch für Namenszusätze (z. B. da, de, de la, van, von), es sei denn sie werden großgeschrieben (z. B. McCallum, O'Brain, O'Connor).
- Zusammengesetzte Familiennamen folgen den einfachen Familiennamen als Sondergruppe.

2. Ordnen von Behörden-, Firmen- und Vereinsnamen

- Das erste Wort des Namens ist das erste Ordnungswort. Die einzelnen Teile eines durch Bindestriche verbundenen Namens werden als selbstständige Ordnungswörter behandelt und sind, wie weitere zum Namen gehörende Wörter, zweites, drittes usw. Ordnungswort. Feststehende, gebräuchliche Abkürzungen (z. B. ARD, ZDF) werden wie ein Wort behandelt.
- Geordnet wird nach dem vollständigen Namen. Feststehende Abkürzungen werden wie ein Wort behandelt.
- Verhältniswörter (z. B. am, im, zum, für), Artikel (der, die, das) und Bindewörter (und, &) werden beim Einordnen nicht berücksichtigt. Verhältniswörter und Artikel, die zu Beginn des Namens stehen, werden als Bestandteil des Namens berücksichtigt und mitgeordnet.

3. Ordnen von Orts- und Staatennamen

- Bei Ortsnamen, die aus mehreren Wörtern bestehen, werden alle Namensbestandteile zu einem Wort zusammengezogen. Dies gilt auch für Artikel, Adjektive, Verhältnis- und Vorsatzwörter (z. B. der, die, das, groß, klein, alt, am, im, unter, über, Bad, Burg, Markt) zu Beginn eines Ortsnamens.
- Bei gleichlautenden Ortsnamen, zu deren Unterscheidung ein Zusatz zur Bestimmung der genaueren Lage hinzugefügt wird, werden die eingefügten Verhältniswörter (z. B. bei, an der) sowie die Zusätze „Kreis" oder „Bezirk" nicht berücksichtigt. Sie werden nach dem Zusatz (z. B. Main, Weinstraße usw.) geordnet.
- Für Orte und Staaten wird die in Deutschland übliche Schreibung verwendet.

4. Ordnen von Straßennamen

- Alle Bestandteile von Straßennamen werden zu einem Wort zusammengezogen. „Str.", „Pl." usw. gelten als ausgeschrieben.

Petra und Ahmet wenden die Regeln für das alphabetische Ordnen nach DIN 5007 an. Ordnen Sie die Namen in der linken Spalte. Tragen Sie sie in der richtigen Reihenfolge in die rechte Spalte ein.

Ordnen von Personennamen

1. Bauer, A.	1.
2. Bauermann-Schmidt, Michaela	2.
3. Bauer, Anja, Dr.	3.
4. Abel	4.
5. Bauerfeind, Richard	5.
6. Akst, Maria	6.
7. Bauermann, Andreas	7.
8. Abel, Peter	8.

1. Marter	1.
2. Hessel	2.
3. Maeder	3.
4. Hesel	4.
5. Hasel	5.
6. Maerter	6.
7. Heßel	7.
8. Märter	8.

1. Wagner, Bernd, München	1.
2. Wagner, Bernd, Ingolstadt	2.
3. Wagner	3.
4. Wagner, Björn	4.
5. Wagner, Bernd	5.
6. Wagner, Bernd, Ingolstadt, Ludwigstraße	6.
7. Wagner B.	7.
8. Wagner, Bernd, Ingolstadt, Eichenallee	8.

Ordnen von Behörden-, Firmen- und Vereinsnamen

1. Vermessungs- und Katasteramt	1.
2. Autovermietung Müller GmbH	2.
3. Faber-Castell	3.
4. Verband der Tierschützer e. V.	4.
5. Verbandsgemeindeverwaltung	5.
6. Faber & Weber AG	6.
7. Allianz Versicherungs AG	7.
8. Autoservice Schäfer	8.

Gemeinsames Ordnen von Personen-, Behörden-, Firmen- und Vereinsnamen

1. Saenger, Alexandra	1.
2. Salomon-Anders, Adrian	2.
3. Sabel	3.
4. Soerensen, Hörgeräteakustik	4.
5. Sachverständigenbüro Müller	5.
6. Sänger, Benjamin	6.
7. Seekatz & Weber GmbH & Co. KG	7.
8. Salomon, Anna	8.

Ordnen von Ortsnamen

1. Allendorf, Rhein-Lahn-Kreis	1.
2. Stadtallendorf	2.
3. Allendorf bei Greifenstein	3.
4. Allendorf, Lumda	4.
5. Allendorf, Kreis Saalfeld Rudolstadt	5.
6. Allendorf, Eder	6.
7. Allendorf an der Lahn	7.
8. Allendorf an der Landsburg	8.

Ordnen von Straßennamen

1. Neue Gasse	1.
2. Unterer Weidenhof	2.
3. Im Großen Hof	3.
4. Am Schlossgarten	4.
5. Unter dem Weidenhof	5.
6. Neugasse	6.
7. An der Großen Brücke	7.
8. Im Grashof	8.

3. Als Nächstes beschäftigen sich Petra und Ahmet mit den Fragen warum und wie lange Schriftgut aufbewahrt werden muss bzw. wann es vernichtet werden kann.

a) Informieren Sie sich in Ihrem Informationsband und ergänzen Sie die notwendigen Angaben:

Schriftgut wird aus gesetzlichen und/oder betrieblichen Gründen aufbewahrt. Es gelten die folgenden **gesetzlichen Vorschriften:**

- __________
- __________
- __________
- __________

Die gesetzlichen Aufbewahrungsfristen betragen:

- nach § _____ i. V. m. § _____ : 6 Jahre für: _____

- nach § _____ i. V. m. § _____ : 10 Jahre für: _____

- nach § ______ i. V. m. § ______ beginnt die Aufbewahrungsfrist: ______

- nach § ______ : 6 Jahre für: ______

Aus **betrieblichen Gründen** wird das Schriftgut als Arbeits- oder Beweismittel aufbewahrt. Dabei ist mindestens die gesetzliche Aufbewahrungsfrist einzuhalten.

© Buehner – Fotolia.com

b) Entscheiden Sie, bis wann in der Kanzlei die folgenden Unterlagen aufbewahrt werden müssen:

Art des Schriftguts	Wertstufe	Aufbewahrungsfrist	Zeitpunkt der Vernichtung
Werbung in der heutigen Tagespost			
Kontoauszüge aus dem Jahr 2014			
Anfrage nach Bürodrehstühlen bei **Moderne Bürowelten** vom 7. Mai 2021			
Angebot über Bürodrehstühle von **Moderne Bürowelten** vom 10. Mai 2021			

Art des Schriftguts	Wertstufe	Aufbewahrungsfrist	Zeitpunkt der Vernichtung
Anfrage nach Bürodrehstühlen bei **Büromöbel GmbH** vom 7. Mai 2020			
Angebot über Bürodrehstühle von **Büromöbel GmbH** vom 9. Mai 2020			
Bestellung über Bürodrehstühle bei **Moderne Bürowelten** vom 28. Mai 2021			
Rechnung über Bürodrehstühle von **Moderne Bürowelten** vom 22. Juni 2021			
Handakte des Mandanten Peter Meier, Beendigung des Mandats: 31.12.2020			
Vergütungsrechnung an die Mandantin Sabine Breuer vom 14. Juni d. J.			
Aktueller Katalog über Büromaterial, aus dem regelmäßig bestellt wird			
Einladung mit Tagesordnung zu einer Fortbildung am 13. und 14. Oktober d. J.; zu der sich Herr Dr. Schmidt angemeldet hat			

4. Erstellen Sie für Petra und Ahmet am PC anhand der Spaltenüberschriften eine tabellarische Übersicht über die Registraturformen[1]:

Registraturform	Art der Aufbewahrung	Arten der Schriftgutbehälter nach Ablageart	Vorteile	Nachteile	Registraturmöbel

1 Alternativ können Sie am PC eine Informationsbroschüre in Form eines sechsseitigen Faltblattes mit den genannten Inhalten gestalten (vgl. Lernfeld 1 „Die Personen der Rechtspflege“ – Download).

5. Petra und Ahmet müssen entscheiden, wie und wo das folgende Schriftgut aufbewahrt wird.

a) Rechnung über Büromaterial vom letzten Montag

- Registraturstandort: ____
- Ablageart/Aktenführung: ____
- Schriftgutbehälter: ____
- Registraturform: ____

b) Aktueller Katalog mit Preisliste für die Bestellung von Büromaterial durch Frau John

- Registraturstandort: ____
- Ablageart/Aktenführung: ____
- Schriftgutbehälter: ____
- Registraturform: ____

c) Protokoll über die Besprechung der Mitarbeiterinnen und Mitarbeiter der Kanzlei vom letzten Mittwoch

- Registraturstandort: ____
- Ablageart/Aktenführung: ____
- Schriftgutbehälter: ____
- Registraturform: ____

d) Kopie des Urteils der Mandantin Petra Winter vom letzten Dienstag

- Registraturstandort: ____
- Ablageart/Aktenführung: ____
- Schriftgutbehälter: ____
- Registraturform: ____

e) Fachzeitschrift „Der Anwalt" vom letzten Monat (Umlauf innerhalb der Kanzlei bereits erledigt)

- Registraturstandort: ______________________
- Ablageart/Aktenführung: ______________________
- Schriftgutbehälter: ______________________
- Registraturform: ______________________

Aufgaben

1. Nennen Sie die Arbeitsschritte und Hilfsmittel für die elektronische Archivierung beleghafter Originaldokumente.

- ______________________
- ______________________
- ______________________
- ______________________

2. Unter welchen Voraussetzungen wird die elektronische Archivierung als revisionssicher bezeichnet?

____

____

____

____

3. Nennen Sie die Vorteile von Datenmanagementsystemen.

____

____

____

____

4. Nennen Sie die Aufgaben der Datensicherung.

5. Nennen Sie die unterschiedlichen Bereiche von Datensicherungsmaßnahmen.

-
-
-
-
-

6. Wie lauten die Sicherungsziele des Gesetzgebers beim Datenschutz?

-
-
-
-
-
-
-
-
-
-
-

LERNFELD 3

Schuldrechtliche Regelungen bei der Vorbereitung und Abwicklung von Verträgen anwenden

LERNSITUATION 1:
BEZUGSQUELLEN DARSTELLEN UND EINE ANFRAGE ERSTELLEN

Rechtsanwältin Keller aus der Kanzlei Dr. Schmidt, Gerber & Partner klagt seit Wochen über starke Rückenschmerzen. Ihr behandelnder Orthopäde rät unter anderem zu einer rückengerechten Gestaltung des Arbeitsplatzes. Frau Keller möchte den ärztlichen Rat umsetzen, hat aber aufgrund der hohen Arbeitsbelastung keine Zeit sich zu informieren. Sie ruft Rechtsanwaltsfachangestellte Daniela Schmitz in ihr Büro.

Rechtsanwältin Keller: „Frau Schmitz, ich habe eine wichtige Aufgabe für Sie. Mein Arzt hat mir heute empfohlen, mir neue rückengerechte Büromöbel anzuschaffen. Ich denke an einen höhenverstellbaren Tisch mit passendem Bürodrehstuhl. Würden Sie mir drei bis vier Angebote dazu einholen?"

Daniela Schmitz: „Kein Problem! Haben Sie konkrete Vorstellungen, was die Beschaffenheit und das Design der Möbel betrifft?"

Rechtsanwältin Keller: „Hmm, also der Tisch sollte etwa 1,50 m breit, 80 cm tief und auf jeden Fall höhenverstellbar sein. Der Bürodrehstuhl sollte ergonomisch geformt und die Rückenlehne leicht verstellbar sein. Es wäre nicht schlecht, wenn ich beides testen könnte, aber das muss nicht sein. Das Design ist zweitrangig, aber nicht unwichtig. Die Möbel sollten optisch auf dem neuesten Stand sein."

Daniela Schmitz: „In Ordnung, und wie teuer darf das Ganze werden?"

Rechtsanwältin Keller: „Das Wichtigste sind Qualität und Funktionalität, deshalb lege ich preislich keine Höchstgrenze fest. Aber natürlich habe ich nichts gegen ein günstiges Angebot, wenn die Qualität stimmt."

Daniela Schmitz: „Wann brauchen Sie die Möbel denn?"

Rechtsanwältin Keller: „Schnelle Lieferzeit ist mir ganz wichtig, ich kann mit meinen Schmerzen kaum noch arbeiten. Wenn der Anbieter für die Möbel einen Montageservice hat, wäre das schön, ist aber keine Voraussetzung. Die Kollegen Herr Dr. Klein und Frau Teske haben angeboten, den Aufbau zu übernehmen."

Daniela Schmitz: „Legen Sie auch Wert auf das Reklamationsverhalten der Anbieter?"

Rechtsanwältin Keller: „Das spielt keine Rolle, schließlich weiß ich als Rechtsanwältin wie ich zu meinem Recht komme."

Arbeitsaufträge

1. Zurück am Arbeitsplatz überlegt Daniela, an welche Unternehmen sie sich wegen der rückengerechten Büromöbel wenden kann. Nennen Sie interne und externe Bezugsquellen, um Anbieter zu finden.

Interne Bezugsquellen	Externe Bezugsquellen

2. Suchen Sie im Internet nach drei möglichen Anbietern von rückengerechten Büromöbeln und notieren Sie dabei ihre Vorgehensweise und die verwendeten Internetseiten.

3. Entwerfen Sie für Rechtsanwaltsfachangestellte Schmitz am Computer eine schriftliche Anfrage an das Unternehmen Büroausstattung Kunze und bitten Sie um ein Angebot. Berücksichtigen Sie im Inhalt der Anfrage die Vorgaben von Rechtsanwältin Keller. Sollten Sie in Ihrem Klassenraum nicht die Möglichkeit haben, einen PC zu nutzen, können Sie die Anfrage handschriftlich in die nachfolgende Briefvorlage einfügen.

4. Prüfen Sie, ob die Kanzlei mit der Absendung der Anfrage an Bürowelten bereits eine Verpflichtung zum Kauf eingegangen ist. Begründen Sie Ihre Antwort.

DR. SCHMIDT · GERBER & PARTNER
RECHTSANWÄLTE
Gesellschaft bürgerlichen Rechts

Dr. Schmidt · Gerber & Partner, Postfach 1 05 66 20, 40477 Düsseldorf

Ihr Zeichen:
Ihre Nachricht vom:
Unser Zeichen:
Unsere Nachricht vom:

Name:
Telefon: 0211 30303-0
Telefax: 0211 30303-33
E-Mail: nachname@schmidt-gerber.de

Datum:

Dr. Lothar Schmidt · Achim Gerber LL.M Private Health Management – Unternehmensnachfolge Erbrecht & Vermögen
Dr. Frauke Hansen – Fachanwältin für Familienrecht · Sebastian Gerlach – Fachanwalt für Erbrecht
Dr. Sina Hopfe – Fachanwältin für Familienrecht · Dr. Martin Schweighöfer – Fachanwalt für Erbrecht · Caroline Keller
Lindenstraße 20, 40477 Düsseldorf – E-Mail: zentrale@schmidt-gerber.de – Internet: www.schmidt-gerber.de
AB Bank – IBAN DE40 3005 0000 1234 5678 91 – BIC BELADED2RGV – Steuernummer: DE111111111

Übungsaufgaben

1. Entscheiden Sie in folgenden Fällen durch Ankreuzen, um welche Art der Anfrage es sich handelt.

	Unbestimmte Anfrage	Bestimmte Anfrage
Nennen Sie mir bitte den genauen Preis für den braunen Lederfahrradsattel der Firma Brögel.	❑	❑
Ich bitte um die Zusendung ihres aktuellen Katalogs.	❑	❑
Ich interessiere mich für ein Herren-Rennrad mit 28 Gängen der Marke Alpen-Sprinter in blau.	❑	❑
Wir möchten unser Angebot an Damenhosen beträchtlich erweitern …	❑	❑

2. Vervollständigen Sie die Tabelle zu den Unterschieden zwischen Anpreisung und Angebot.

	Anpreisung	Angebot
Beispiel	*Zeitungsinserat*	*Angebot per Fax*
Adressaten		
Rechtswirksamkeit		
Inhalt		
Zielsetzung		

3. Entscheiden Sie in folgenden Fällen durch Ankreuzen, ob es sich um ein Angebot oder eine Anpreisung handelt.

	Angebot	Anpreisung
Werbung im TV	❑	❑
Angebotsbrief an Kunden	❑	❑
Speisekarte im Restaurant	❑	❑
Speisekarte vom Pizza-Service im Briefkasten	❑	❑
Buchhandlung bietet Kanzlei juristische Zeitschriften per Fax an	❑	❑
Schaufensterplakat mit Hinweis auf Sonderverkauf	❑	❑
Ein Vertreter bietet telefonisch Ware an.	❑	❑
Eine Verkäuferin legt Ware vor.	❑	❑
Verkaufsgespräch mit Kunden	❑	❑
Angebot per E-Mail an Zulieferer	❑	❑

4. Ein Kaufvertrag entsteht durch zwei übereinstimmende Willenserklärungen. Diese werden Angebot und Annahme genannt und können beide sowohl vom Käufer als auch vom Verkäufer erklärt werden. Ordnen Sie die folgenden Begriffe jeweils als Angebot oder Annahme dem Verkäufer oder Käufer zu, um die beiden Möglichkeiten des Vertragsschlusses aufzuzeigen:

Angebot, Bestellungsannahme, Bestellung, Bestellung

5. Ordnen Sie die Angebote den entsprechenden Klauseln zu.

Angebote		Klauseln	
1.	Ein Händler kann Preisänderungen nicht ausschließen.	a)	freibleibend (unverbindlich)
2.	Ein Händler macht ein besonders günstiges Angebot und rechnet damit, dass die Bestellungen seinen Vorrat übersteigen.	b)	solange der Vorrat reicht
3.	Ein Händler unterbreitet seinem Kunden ein Angebot, bei dem er nicht sicher ist, ob er die Ware beschaffen kann.	c)	solange der Vorrat reicht
4.	Ein Händler bietet einen geringen Warenvorrat mehreren Kunden an.	d)	Preise freibleibend

LERNSITUATION 2: ANGEBOTSVERGLEICH DURCHFÜHREN

Die Unternehmen Büroausstattung Kunze GmbH und die Health-Office KG haben sofort auf die Anfrage reagiert und folgende Angebote übersandt:

Büroaustattung Kunze GmbH
Hans-Sachs-Ring 4
50557 Köln

Büroausstattung Kunze GmbH, Hans-Sachs-Ring 4, 50557 Köln

Dr. Schmidt, Gerber & Partner
Frau Daniela Schmitz
Postfach 1 05 66 20
40477 Düsseldorf

Ihre Ansprechpartnerin: Katja Madest
Abteilung: Verkauf

Telefon: 0211 4563344-50
Telefax: 0211 4563344-55
E-Mail: madest@bueroausstattung-kunze.de
Internet: www.bueroausstattung-kunze.de

Datum: 2019-08-20

Angebot über Sitzkombination Ergofit 500

Sehr geehrte Frau Schmitz,

vielen Dank für Ihr Interesse an unseren Produkten. Gerne senden wir Ihnen das gewünschte Angebot.
Für Ihre Anforderungen eignet sich besonders die von Physiotherapeuten mitentwickelte Sitzkombination der Linie Ergofit 500, bestehend aus

- **Schreibtisch Ergofit 500, Artikelnummer 398854**
  Form: Rechteck, Maße: 160 x 80 cm (B x T), höhenverstellbar, Arbeitshöhe: 65 – 85 cm (Rasterung 1 cm), Tischplatte weiß, Vorzugspreis: 1.299,00 EUR
- **Bürodrehstuhl Ergofit 500, Artikelnummer 398855**
  Form: hohe Rückenlehne, Höhe: 106 – 119 cm, Bezug: Stoff „Phoenix" in Grau (hochabriebfest und strapazierfähig). Ausführung: stufenlose Höhenverstellung, Rückenlehne höheneinstellbar (Rastereinteilung) und arretierbar, höhenverstellbare Armlehnen, Vorzugspreis: 695,00 EUR.

Weitere Produktinformationen entnehmen Sie bitte dem beiliegenden Prospekt. Die Sendung erhalten Sie bis zum 26. September d. J. frei Haus. Überweisen Sie den Rechnungsbetrag innerhalb von 14 Tagen, können Sie 3 % Skonto vom Rechnungsbetrag abziehen. Zahlungsziel 30 Tage.

Freundliche Grüße nach Düsseldorf

Büroausstattung Kunze

Katja Madest

i. A. Katja Madest

Anlagen
1 Prospekt
1 AGB

Geschäftsräume
Blumenweg 3
50667 Köln

E-Mail
info@bueroausstattung-kunze.de
Internet
www.bueroausstattung-kunze.de

Bankverbindung
Kölner Kreditanstalt
Konto: 6777888100
BLZ 370 900 54

IBAN: DE98 3709 0054 6777 8881 00
SWIFT-BIC: KOEKDEKN390

Geschäftsführung Richard Kunze Handelsregister A 567777 beim Amtsgericht Köln

Health Office
Wir bringen Gesundheit und Design unter einen Hut.

Health Office KG, Taunusanlage 144, 60329 Frankfurt

Dr. Schmidt, Gerber & Partner
Frau Daniela Schmitz
Postfach 1 05 66 20
40477 Düsseldorf

Ihr Ansprechpartner: Boris Vogt
Abteilung: Verkauf

Telefon: 069 894-13
Telefax: 069 894-20
E-Mail: vogt@healthoffice.de
Internet: www.healthoffice.de

Datum: 2019-08-21

Angebot

Sehr geehrte Frau Schmitz,

Sie wünschen ein Angebot über eine ergonomische Sitzkombination in Weiß. Aus unserem Programm bieten wir Ihnen an:

Schreibtisch und Bürostuhl Ergo Medic

Diese Sitzkombination dürfte Sie durch Qualität und Funktionalität auf höchstem Niveau überzeugen. Durch zahlreiche verstellbare Elemente passt sich die Sitzkombination Ihren Bedürfnissen individuell an. Der Schreibtisch mit den Maßen 150 x 80 cm (B x T) in Weiß ist auf einer Arbeitshöhe von 65–85 cm höhenverstellbar. Der passende Bürostuhl verfügt über höhenverstellbare Rücken- und Armlehnen. Die Kombination bieten wir Ihnen zum Vorzugspreis von 1.499,00 € an. Weitere Produktinformationen entnehmen Sie bitte dem beiliegenden Prospekt.

Die Sendung erhalten Sie bis zum 14. September d. J. gegen eine Versandpauschale von 15,00 €. Bestellen Sie die Kombination gleich dreimal, kommen Sie in den Genuss eines Rabattes von 10 %. Überweisen Sie den Rechnungsbetrag innerhalb von 8 Tagen dürfen Sie zusätzlich 2 % Skonto vom Rechnungsbetrag abziehen. Zahlungsziel 40 Tage. Beachten Sie bitte unsere Allgemeinen Geschäftsbedingungen.

Freundliche Grüße

Health Office

Boris Vogt

i. A. Boris Vogt

Anlagen

1 Prospekt

1 AGB

Geschäftsräume
Aretiweg 3
60334 Frankfurt

E-Mail
info@healthoffice.com
Internet
www.healthoffice.com

Bankverbindung
Frankfurter Bank
Konto: 3777888100
BLZ 360 900 54

IBAN: DE98 3609 0054 3777 8881 00
SWIFT-BIC: FFMKDEFF390

Komplementär: Alan Miklic, Kommanditisten: Rick Holm, Nina Holm Geschäftsführung Alan Miklic
Handelsregister A 56888 beim Amtsgericht Frankfurt

Daniela hat in der Datenbank außerdem noch Notizen zu zwei weiteren passenden Angeboten gefunden, die eine Kollegin vor drei Monaten eingeholt hat. Ihre Rückfrage bei den Anbietern am 22.08.2019 ergibt, dass die Angebote noch aktuell sind. Bei der Bürowelt Schwind hat die Kanzlei bisher noch nie bestellt. Daniela möchte für alle vier Angebote einen Angebotsvergleich durchführen.

	A	B	C	D	E	F	G
1	**Anbieter**	**Art.-Nr.**	**Artikel**	**Listenpreis**	**Zahlung**	**Lieferzeit/ -kosten**	**Rabatt**
2	Bürowelt Schwind GmbH	56698601	Sitzkombination Rücken-Fit	1.600,00 €	30 Tage, 8 Tage 2 % Skonto	Innerhalb 7 Tagen frei Haus	Neukundenrabatt von 10 %
3	SB Büromöbel GmbH	33461298/ 33461299	Schreibtisch und Drehsessel Ergoman	1.200,00 €	60 Tage, 14 Tage 2 % Skonto	Innerhalb 4 Tagen Bezugskosten 19,99 €	Firmenkundenrabatt von 5 %

Arbeitsaufträge

1. Daniela möchte zunächst eine Tabelle erstellen, um den Bezugspreis zu kalkulieren. Helfen Sie ihr dabei, indem Sie den Angeboten jeweils die für die Errechnung der Bezugspreise erforderlichen Daten entnehmen und eintragen.

Anbieter	Büroausstattung Kunze	Health Office	Bürowelt Schwind	SB Büromöbel
Listenpreis				
– Rabatt				
= Zwischenergebnis				
– Skonto				
= Zwischenergebnis				
+ Versandkosten				
= Bezugspreis				

Neben dem Preis sollen aber auch noch die anderen von Rechtsanwältin Keller genannten Faktoren ausschlaggebend sein. Daniela hat dazu Informationen über die Anbieter zusammengetragen. Da die Kanzlei bisher bei keinem der Anbieter bestellt hat, greift Daniela auf Erfahrungen einer Kollegin und auf Internetrezensionen zurück.

Büroausstattung Kunze

Das Unternehmen ist in dritter Generation familiengeführt und verfügt über hohe Erfahrung am Markt. Die Beratung ist vorbildlich und die Möbel sind von höchster Qualität und Funktionalität. Im Internet wurden die ergonomischen Eigenschaften der angebotenen Sitzgruppe mit sehr gut bewertet. Es gibt jedoch keine Möglichkeit diese zu testen. Daniela ist beim Durchblättern aufgefallen, dass viele der Möbel optisch nicht dem neuesten und modernsten Stand entsprechen. Auch die angebotene Sitzgruppe wirkt altbacken. Der Liefer- und Montageservice des Unternehmens ist einwandfrei und Reklamationen werden korrekt abgewickelt.

Health Office

Danielas Freundin Nina arbeitet in einer Frankfurter Großkanzlei und schildert ihre Erfahrungen mit dem Unternehmen so: „Wir haben häufig gleich mehrere Sitzkombinationen bestellt und den Mengenrabatt genutzt. Alle Mitarbeiter waren mit den Möbeln sehr zufrieden, weil sie stylisch und vor allem qualitativ gut sind. Sie müssen zwar selbst montiert werden, aber meine Chefin hat seitdem keine Rückenschmerzen mehr. Außerdem kann man alle Kombinationen in den Frankfurter Geschäftsräumen vorher anschauen und probesitzen, aber das ist für Euch ja etwas weit. Bei längerer Benutzung der Möbel haben sich an mehreren Stühlen Defekte herausgestellt, aber das Unternehmen reagierte sehr unfreundlich und verweigerte die Reparatur. Danach ließ sich der zuständige Mitarbeiter verleugnen, alle anderen behaupteten nicht zuständig zu sein und eine Hotline gibt es nicht."

Bürowelt Schwind GmbH, Zu den Birken 15, 80899 München, Ansprechpartner Ina Döller (Verkauf)
Angebot über Sitzkombination Modell Designfit 500, Artikelnummer 12345678

Das Unternehmen ist relativ neu am Markt und wirbt unter anderem mit einem Testservice. Die Ware wird 7 Tage zur Probe geliefert und kann bei Nichtgefallen gegen volle Erstattung des Kaufpreises zurückgegeben werden. Das Unternehmen baut die Möbel auf und holt sie bei Nichtgefallen auf eigene Kosten wieder ab. Dieser Service wurde von Kunden im Internet bisher durchweg sehr positiv bewertet. Das Unternehmen liefere pünktlich und zuverlässig, der Rücknahmeservice verläuft laut Kundenrezension einwandfrei. Allerdings lassen sich bisher kaum Bewertungen zur Qualität der Ware finden. Es kann also nicht beurteilt werden, ob die Sitzgruppe tatsächlich so rückenschonend ist wie angepriesen. Die Beschreibung der ergonomischen Eigenschaften lässt jedoch auf hohe Funktionalität und Qualität schließen, sodass mindestens von mittlerer Qualität ausgegangen werden kann. Äußerlich entspricht die Ware den neuesten und modernsten Standards.

SB Büromöbel KG, Kirchfeldstraße 72, 79089 Freiburg, Ansprechpartner Frank Hegner (Verkauf)
Angebot über Sitzkombination Modell Billy, Artikelnummer 987654321

Das Unternehmen ist auf günstige Möbel zum Abholen und Selbstzusammenbauen spezialisiert. Gegen ein Entgelt wird jedoch ein Lieferservice angeboten, der die Möbel innerhalb von 10 Tagen bis in den gewünschten Büroraum liefert, aber nicht zusammenbaut. Laut Werbung lassen sich die Möbel aber leicht zusammenbauen. Die Kundenrezensionen im Internet sind durchwachsen. Das Lieferverhalten des Unternehmens sei einwandfrei. Jedoch lasse die Qualität der Möbel häufig zu wünschen übrig. Zwar sind die Möbel optisch recht ansprechend, aber insbesondere die Funktionalität sei fragwürdig und führe häufig zu Reklamationen. In Reklamationsfällen zeichne sich das Unternehmen zwar durch Großzügigkeit aus, die Rückabwicklung sei jedoch wegen einer kundenunfreundlichen Hotline sehr mühsam.

2. Daniela möchte die Angebote vergleichbar machen und in den Angebotsvergleich weitere von Rechtsanwältin Keller genannte Kriterien aufnehmen. Helfen Sie ihr dabei, indem Sie sich noch einmal das Gespräch zwischen Daniela und Rechtsanwältin Keller aus Lernsituation 1 anschauen. Notieren Sie die genannten Kriterien und vermerken Sie kurz, wie wichtig diese für Frau Keller sind.

- *Der Preis ist zweitrangig, aber nicht unwichtig*

3. Bewerten Sie die neben dem errechneten Bezugspreis die weiteren qualitativen Angebotskriterien mithilfe einer Nutzwerttabelle. Bei der Wertigkeit teilen Sie den Gesamtwert von 100 % auf die Kriterien auf. Die Kriterien multiplizieren Sie mit dem Faktor von 1 bis 5 (1 = schlecht, 2 = mäßig, 3 = mittel, 4 = gut, 5 = sehr gut) und tragen das Ergebnis im Feld „Wert“ ein.

Qualitativer Angebotsvergleich														
Kriterium	Wertigkeit (%)	Büroausstattung Kunze			Health Office			Bürowelt Schwind			SB Büromöbel			
		Angebotshinweis	Faktor 1–5	Wert	Angebotshinweis	Faktor 1–5	Wert	Angebotshinweis	Faktor 1–5	Wert	Angebotshinweis	Faktor 1–5	Wert
Bezugspreis	*15 %*	*mäßig*	*2*	*30*									
Qualität und Funktionalität													
Gesamtwert	*100 %*												

4. Treffen Sie nun eine Entscheidung für einen Anbieter und begründen Sie diese nachvollziehbar unter Beachtung des Angebotsvergleichs.

5. Sobald der Angebotsvergleich durchgeführt worden ist, soll die Sitzkombination bei dem Anbieter bestellt werden, der im Vergleich am besten abgeschnitten hat. Verfassen Sie für Frau Schmitz am Computer die schriftliche Bestellung der Sitzkombination unter Beachtung der DIN 5008. Sollten Sie in Ihrem Klassenraum nicht die Möglichkeit haben, einen PC zu nutzen, können Sie die Bestellung handschriftlich in die Briefvorlage einfügen.

DR. SCHMIDT · GERBER & PARTNER
RECHTSANWÄLTE
Gesellschaft bürgerlichen Rechts

Dr. Schmidt · Gerber & Partner, Postfach 1 05 66 20, 40477 Düsseldorf

Ihr Zeichen:
Ihre Nachricht vom:
Unser Zeichen:
Unsere Nachricht vom:

Name:
Telefon: 0211 30303-0
Telefax: 0211 30303-33
E-Mail: nachname@schmidt-gerber.de

Datum:

Dr. Lothar Schmidt · Achim Gerber LL.M Private Health Management – Unternehmensnachfolge Erbrecht & Vermögen
Dr. Frauke Hansen – Fachanwältin für Familienrecht · Sebastian Gerlach – Fachanwalt für Erbrecht
Dr. Sina Hopfe – Fachanwältin für Familienrecht · Dr. Martin Schweighöfer – Fachanwalt für Erbrecht · Caroline Keller
Lindenstraße 20, 40477 Düsseldorf – E-Mail: zentrale@schmidt-gerber.de – Internet: www.schmidt-gerber.de
AB Bank – IBAN DE40 3005 0000 1234 5678 91 – BIC BELADED2RGV – Steuernummer: DE111111111

6. Prüfen Sie welche wesentlichen Inhalte in den zwei abgebildeten Angeboten geregelt sind und in welchen Fällen die gesetzlichen Regelungen zum Tragen kommen. Ergänzen Sie dazu folgende Tabelle:

Allgemeiner Inhalt eines Angebots	Erläuterungen/Beispiele	Gesetzliche Regelungen, §§	Regelungen in den Angeboten A1 = Büroausstattung Kunze, A2 = Health Office	
Art und Güte der Ware			A1	
			A2	
Preis/Menge			A1	
			A2	
Preisnachlässe			A1	
			A2	
Lieferzeit			A1	
			A2	
Verpackungskosten			A1	
			A2	
Beförderungskosten			A1	
			A2	
Zahlungsbedingungen			A1	
			A2	
Erfüllungsort und Gerichtsstand			A1	
			A2	
Gerichtsstand			A1	
			A2	

LERNFELD 3

LERNSITUATION 3: ZUSTANDEKOMMEN DES KAUFVERTRAGS DARSTELLEN

Auf ihre am 25.08.2019 schriftlich und per Post versendete Bestellung der Sitzkombination hat Daniela noch keine Auftragsbestätigung erhalten. Einen Tag nach Versenden der Bestellung erhält sie eine E-Mail von Rechtsanwältin Keller:

Eingang Gesendet Entwürfe

An: schmitz@schmidt-gerber.de 27.08.2019, 10:53 Uhr
Kopie:
Betreff: Büromöbel
Von: keller@schmidt-gerber.de

Hallo Daniela,

ich bin heute auf einem Gerichtstermin in Hamburg und komme nicht ins Büro. Auf welchem Stand bist du mit den Büromöbeln? Ich hoffe, du hast noch keine gekauft? Eine Kollegin aus Hamburg hat mir gerade angeboten, mir eine fast neue Sitzkombination zu schenken, ich muss nur die Lieferung bezahlen. Es handelt sich um Möbel, die von Physiotherapeuten mit „sehr gut" bewertet wurden und qualitativ und modisch auf dem neuesten Stand sind. Die Kollegin braucht sie nicht mehr. Bitte gib mir ein Feedback, ob ich diese Gelegenheit wahrnehmen kann oder ob du schon einen Kaufvertrag geschlossen hast. Ich bin heute nur per E-Mail erreichbar.

Viele Grüße

Caroline Keller

Arbeitsaufträge

1. Daniela möchte die Frage, ob bereits ein Kaufvertrag entstanden ist rechtlich korrekt beantworten. Entwerfen Sie vorbereitende Notizen dazu und nennen Sie die passenden Paragrafen. Gehen Sie auch darauf ein, welche Bedeutung dabei der Auftragsbestätigung zukommt.

2. Stellen Sie den Fall „Bestellung von Büromöbeln“ so um, dass der Auftragsbestätigung für das Entstehen des Kaufvertrags eine rechtliche Bedeutung zukommt.

3. Bevor Daniela die E-Mail an Rechtsanwältin Keller verfasst, überlegt sie, ob es eine Möglichkeit gibt, sich vom Kaufvertrag zu lösen. Führen Sie unter Angabe des passenden Paragrafen aus, ob ein Widerruf möglich ist.

4. Daniela überlegt, ob es in Zukunft nicht klüger wäre, Büromaterial und Möbel für die Kanzlei im Internet zu bestellen. Sie hat gehört, dass für Internetbestellungen das Fernabsatzgesetz gelte, wonach dem Besteller ein 14-tägiges Widerrufsrecht zustehe. Begründen Sie, ob Daniela Recht hat.

5. Gehen Sie davon aus, dass Daniela die Bestellung noch rechtzeitig widerrufen konnte und verfassen Sie nun die E-Mail an Rechtsanwältin Keller zu der Frage, ob ein Kaufvertrag entstanden ist. Erläutern Sie darin noch einmal den rechtlichen Ablauf seit Erhalt des Angebots.

Eingang Gesendet Entwürfe

An: keller@schmidt-gerber.de 27.08.2019, 15:03 Uhr
Kopie:
Betreff: Büromöbel
Von: schmitz@schmidt-gerber.de

Hallo Frau Keller,

____

____

____

____

____

____

Viele Grüße

Daniela Schmitz

Daniela erhält kurzfristig die Antwort von Rechtsanwältin Keller:

Eingang Gesendet Entwürfe

An: schmitz@schmidt-gerber.de 27.08.2019, 16:01 Uhr
Kopie:
Betreff: Büromöbel
Von: keller@schmidt-gerber.de

Hallo Daniela, Anlage

danke, das hast du richtig gut gemacht!

Ich bin morgen Nachmittag wieder im Büro, könntest du bis dahin noch in ein paar weiteren Fällen überprüfen, ob ein Kaufvertrag entstanden ist. Ich habe dir die Fälle als Anlage angehängt.

Viele Grüße

Caroline Keller

6. Überprüfen Sie die angehängten Fälle von Rechtsanwältin Keller auf das Zustandekommen eines Kaufvertrags und begründen Sie ihre Antwort.

   a) Die Spedition „Röder" hat von Bürobedarf Werner e. K., bei der sie seit Jahren Kopierpapier bestellt, ungefragt 30 Pakete à 500 Blatt Kopierpapier zum Vorzugspreis von 70,00 € zugeschickt bekommen. Die Lieferung ist bereits zwei Wochen her und steht seitdem im Kopierraum der Spedition.

   b) Am 17.07.2019 bot die Buchhandlung Juraprofi der Kanzlei telefonisch eine Kommentarsammlung zum Sonderpreis von 799,00 € an. Der Kanzleimitarbeiter Marco Hitzfeld erwiderte: „Ich muss erst Rücksprache halten." Am 19.07.2019 meldete er sich bei Juraprofi, um das Angebot anzunehmen. Die Buchhandlung erwiderte: „Tut uns leid, die Kommentarsammlung kostet mittlerweile 899,00 €." Nach erneuter Rücksprache lehnt Marco Hitzfeld das Angebot am 20.07.2015 telefonisch ab. Die Buchhandlung besteht nun auf Zahlung von 799,00 €, schließlich habe die Kanzlei dem Preis einmal zugestimmt.

   c) Der Partyservice „Chefsalat GmbH" hat über mehrere Ecken erfahren, dass die Weinhandlung „Pierres" jeden ersten Montag im Monat eine Weinprobe mit passendem Fingerfood veranstaltet. Obwohl er bisher in keiner Geschäftsbeziehung mit der Weinhandlung stand, schickt er zum besagten Montag entsprechenden Fingerfood im Wert von 500,00 € dorthin. Die Lieferung wird nicht gegessen und ist am nächsten Tag verdorben. Der Partyservice verlangt Bezahlung von der Weinhandlung.

LERNFELD 3

d) Die Auszubildende Petra Horch sollte für die Kanzlei ein neues Stempelset mit Kanzlei-, Text- und Namenszugstempel bestellen. Auf der Internetseite des Anbieters von Kanzleibedarf Saldon sieht sie ein Angebot für 8,99 €. Als sie telefonisch die Annahme erklärt, verweigert die Saldon-Mitarbeiterin den Verkauf mit dem Hinweis darauf, dass auf der Internetseite ein Fehler unterlaufen sei und das Stempelset 12,99 € koste. Das lehnt Petra Horch ab.

e) Ein Vertriebsmitarbeiter von Bürobedarf „Elber" hat der Kanzlei schriftlich ein freibleibendes Angebot über 100 Textmarker zum Preis von 49,99 € unterbreitet. Petra Horch hat dieses Angebot schriftlich angenommen. Eine Auftragsbestätigung hat die Kanzlei aber auch zwei Monate später nicht erhalten.

Übungsaufgaben

1. Erläutern Sie unter Angabe aller passenden Vorschriften, ob ein Kaufvertrag zustande gekommen ist:

   a) Die Zoohandlung Plüsch unterbreitet dem Hundezüchter Bernd Bernadin ein Angebot über einen Hundekäfig zum Preis von 150,00 €, der sofort lieferbar ist. Um Antwort wird bis 15. März gebeten. Bernd antwortet am 25. März telefonisch, dass er das Angebot annehmen möchte. Die Zoohandlung Plüsch erwidert, dass der Käfig mittlerweile nur noch in einer kleineren Ausführung verfügbar ist. Bernd lehnt ab.

b) Die Zoohandlung Plüsch unterbreitet dem Hundezüchter Bernd Bernadin ein Angebot über Hundespielzeug zum Preis von 80,00 €. Bernd schreibt postalisch zurück, dass er das Angebot annimmt. Noch bevor die Annahmeerklärung bei der Zoohandlung zugeht, schreibt er dieser per E-Mail, dass er das Hundespielzeug doch nicht kaufen möchte.

2. Erläutern Sie in folgendem Fall, ob ein Versicherungsvertrag durch Angebot und Annahme zustande gekommen ist:

Frau Hansen interessiert sich für eine Rentenversicherung. Aus einer Zeitschrift schneidet sie einen Coupon der Schutzengel Versicherungs-AG aus und fordert Informationsmaterial an, indem sie folgende Felder ankreuzt: „Ich wünsche kostenloses Informationsmaterial“ und „Wie hoch ist meine persönliche Versorgungslücke?“ sowie „Bitte errechnen sie meinen persönlichen Versicherungsbeitrag“. Frau Hansen macht zudem Angaben zu ihrer Person und unterschreibt den Coupon.

3. Nennen Sie die neun Vertragsarten mit passender Vorschrift, die sich in folgendem Sachverhalt verbergen:

Herr Müller ist Gastronom und fährt im Leihwagen zum Großhandel. Neben anderen Lebensmitteln kauft er auch einen Kasten Gourmet-Wasser, für den er 3,30 € Pfand bezahlt. Auf dem Heimweg leiht er sich bei seiner Mutter ein Topfset, das er für sein Restaurant braucht. Die Räumlichkeiten des Restaurants hat er mit kompletter Einrichtung gemietet und darf sie nutzen, um Gewinn zu erwirtschaften. Die Toilettenräume ließ er auf eigene Kosten von einem Installateur renovieren. Dafür hat er sich 3.000,00 € von der Bank geliehen, die er innerhalb von zwei Jahren zurückzahlen muss. Bilder für sein Restaurant bekam er von Maler Paolo Pocessi geschenkt. Müller beschäftigt einen Koch, dem er einen Monatslohn von 1.800,00 € zahlt.

Vertragsart	Geregelt in §§ …	Merkmale des Vertrags

Vertragsart	Geregelt in §§ …	Merkmale des Vertrags

4. Kreuzen Sie die richtige Vertragsart an: Die Berufsschule beauftragt einen freiberuflichen Fotografen, neue Fotos für die Webseite zu schießen.

   ❑ Dienstvertrag

   ❑ Kaufvertrag

   ❑ Leasingvertrag

   ❑ Werkvertrag

5. Entscheiden Sie, ob die folgenden Willenserklärungen empfangsbedürftig oder nicht empfangsbedürftig sind.

	empfangsbedürftig	nicht empfangsbedürftig
Auslobung: „Kater entlaufen – 50 € Belohnung"	❑	❑
Rechtsanwaltsfachangestellte Lisa Schneider kündigt.	❑	❑
Bestellung beim Otto Versand.	❑	❑
Opa Ernst schreibt sein Testament.	❑	❑

6. Ordnen Sie zu, ob es sich in den folgenden Fällen um einen einseitigen Vertrag, einen einseitig verpflichtenden Vertrag oder ein mehrseitiges Rechtsgeschäft handelt.

	einseitiges Rechtsgeschäft	einseitig verpflichtendes Rechtsgeschäft	mehrseitiges Rechtsgeschäft
Kündigung	❑	❑	❑
Bürgschaft	❑	❑	❑
Schenkungsvertrag	❑	❑	❑
Ausbildungsvertrag	❑	❑	❑
Kaufvertrag	❑	❑	❑
Testament	❑	❑	❑

LERNSITUATION 4:
FORMEN DER WILLENSERKLÄRUNGEN ERARBEITEN

© nmann77 – Fotolia.com

Rechtsanwältin Keller hat immer noch keine rückengerechten Büromöbel, denn sie wartet seit einer Woche auf die Lieferung aus Hamburg. Der Hamburger Rechtsanwalt Klaas Winter hatte zugesagt, ihr die Möbel zu schenken, und es war vereinbart, dass er eine Spedition beauftragt und die Rechnung an Rechtsanwältin Keller schickt. Die Angestellte Daniela Schmitz wird Zeugin eines Gesprächs zwischen den beiden Rechtsanwälten, da das Telefon auf Lautsprecher und Frau Kellers Bürotür offen steht.

Rechtsanwalt Winter: „Hallo Caroline, hier ist Klaas aus Hamburg."

Rechtsanwältin Keller: Hallo Klaas, wie geht's? Sag mal, was gibt's Neues wegen der Büromöbel, ich warte darauf?"

Rechtsanwalt Winter: „Ja, genau deswegen rufe ich an, es gibt ein Problem. Äääähm, ich habe dir die Möbel etwas voreilig angeboten. Weißt du, meine Frau hat auch Rückenprobleme und ist sehr empört als sie von meinem Schenkungsversprechen hörte ..."

Rechtsanwältin Keller: „Ist schon gut Klaas, ich möchte nicht, dass meinetwegen euer Haussegen schief hängt. Mir liegt ein gutes Angebot über Büromöbel vor, auf das ich zurückgreifen kann."

Rechtsanwalt Winter: „Danke Caroline, da bin ich wirklich erleichtert."

Rechtsanwältin Keller: „Kein Problem, aber dafür schuldest du mir ein Essen, wenn wir uns das nächste Mal sehen."

Rechtsanwalt Winter: „Wird gemacht."

Daniela ist erstaunt, dass ihre Chefin den Rückzieher so einfach hinnimmt. „Geschenkt ist schließlich geschenkt" denkt sie und überlegt, ob ihre Chefin die Möbel hätte einfordern können. In dem Moment klingelt ihr privates Handy. Da Daniela sowieso gerade Pause machen wollte, nimmt sie den Anruf entgegen:

Daniela: „Daniela Schmitz, Guten Tag."

Anrufer: „Guten Tag Frau Schmitz, Carstens vom Küchenstudio Cucerina. Es geht um ihre Anfrage zur Ratenzahlung."

Daniela: „Guten Tag Herr Carstens, schön dass Sie zurückrufen. Ja, ich hatte mir die Küche „Stauraumwunder" für 2.000,00 € bei Ihnen ausgesucht und um Ratenzahlung gebeten."

Anrufer: „Dann habe ich eine gute Nachricht, die Ratenzahlung wird wie beantragt genehmigt. Wenn Sie heute Abend in unser Küchenstudio kommen, können Sie den Vertrag direkt unterschreiben und die Küche wird in 14 Tagen geliefert."

Daniela: „Das ist ja super, dann komme ich nach Feierabend."

Daniela freut sich über die gute Nachricht. Gleichzeitig wundert sie sich aber, dass sie einen Vertrag unterschreiben muss, denn eigentlich ist ja alles klar.

Als Daniela aus der Pause zurückkehrt, liegt ein Zettel von Rechtsanwältin Keller auf ihrem Schreibtisch:

„Liebe Daniela, aus den geschenkten Möbeln ist leider nichts geworden. Würdest du mir bitte doch die Büromöbel bestellen, die ich bereits ausgewählt hatte. Und könntest du das bitte möglichst schnell erledigen, damit ich bald endlich was für meinen Rücken tun kann. Vielen Dank, Rechtsanwältin Keller."

Daniela möchte mit der Bestellung sofort beginnen und überlegt, wie sie am sinnvollsten vorgeht: „Ein Anruf ginge am schnellsten oder braucht man etwas Schriftliches?"

Arbeitsaufträge

1. Formulieren Sie die rechtlichen Probleme, die sich in dieser Lernsituation verbergen.

2. Hätte Rechtsanwältin Keller darauf bestehen können, dass Rechtsanwalt Winter ihr die Möbel als Geschenk übergibt? Begründen Sie ihre Antwort unter Angabe der gesetzlichen Bestimmungen und gehen Sie auch auf die Rechtsfolge ein.

3. Daniela hat erst letzten Sonntag von ihren Großeltern 50,00 € geschenkt bekommen. Ist diese Schenkung formwirksam. Begründen Sie ihre Antwort mithilfe des Gesetzes.

4. Erläutern Sie den Ablauf der notariellen Beurkundung nach dem BGB. Welches weitere Gesetz regelt die Einzelheiten der notariellen Beurkundung?

5. Wodurch unterscheiden sich notarielle Beurkundung und öffentliche Beglaubigung? Erläutern Sie unter Angaben von Vorschriften.

6. Daniela wundert sich, dass sie die Ratenzahlungsvereinbarung unterschreiben muss. Begründen Sie anhand des Gesetzes, ob dies notwendig ist.

7. Erläutern Sie unter Angabe der gesetzlichen Vorschrift, welche Anforderungen das Gesetz an die Schriftform stellt.

8. Daniela denkt über die Möbelbestellung nach. Welche Formvorschriften müssen, welche sollten beachtet werden?

9. Welchem Sinn und Zweck dienen alle Formvorschriften?

Übungsaufgaben

1. Entscheiden Sie durch Ankreuzen, welche Form das Gesetz für die genannten Rechtsgeschäfte vorsieht.

Rechtsgeschäft	formfrei	Schriftform	öffentliche Beglaubigung	notarielle Beurkundung
Graf Rotz bezahlt seinen Porsche in bar.	❑	❑	❑	❑
Bauer Blume verkauft seinen Acker an seinen Nachbarn.	❑	❑	❑	❑
Der Schwimmverein Goldfisch beantragt seine Eintragung ins Vereinsregister.	❑	❑	❑	❑
Regina Meier schließt einen Ausbildungsvertrag ab.	❑	❑	❑	❑
Frau Klang zahlt ihre Stereoanlage in Raten.	❑	❑	❑	❑
Maike Möchtegern verspricht, dass er seiner Freundin zum Geburtstag einen Diamantring schenken wird.	❑	❑	❑	❑
Herr Nett übernimmt die Bürgschaft für den Darlehensvertrag seiner Tochter.	❑	❑	❑	❑

2. Erläutern Sie, wie es mit dem Grundsatz der Formfreiheit vereinbar ist, dass das BGB für bestimmte Rechtsgeschäfte eine Form vorschreibt.

3. Überprüfen Sie die folgenden Aussagen auf Richtigkeit. Schreiben Sie 1 für richtig und 9 für falsch.

Aussage	1 oder 9
Bei der notariellen Beurkundung wird die Echtheit der Urkunde amtlich bestätigt.	
Bei der notariellen Beurkundung wird der Inhalt der Urkunde amtlich bestätigt.	
Die notarielle Beurkundung darf nur vom Notar oder einer behördlichen Stelle vorgenommen werden.	
Anträge auf Eintragung ins Handelsregister sind öffentlich zu beurkunden.	
Ein Ehevertrag ist nur gültig, wenn er öffentlich beurkundet wurde.	
Ohne Unterschrift können Rechtsgeschäfte niemals gültig sein.	
Rechtsgeschäfte können grundsätzlich in jeder beliebigen Form abgeschlossen werden.	
Schriftform bedeutet, dass die Urkunde handschriftlich abgefasst sein muss.	
Bei der notariellen Beurkundung wird der Inhalt der Urkunde in ein Register eingetragen.	
Die notarielle Beurkundung wird bei einem gerichtlichen Vergleich durch die Aufnahme der Erklärungen in ein nach den Vorschriften der Zivilprozessordnung errichtetes Protokoll ersetzt.	

LERNSITUATION 5: VERTRÄGE PRÜFEN

Die 17-jährige Auszubildende Petra Horch öffnet in der Mittagspause einen privaten Brief, den sie heute morgen noch schnell aus dem Briefkasten gefischt hat:

Mars Media
Wir bringen Sie auf den neuesten Stand der Technik

Mars Media KG, Tannenstr.11, 40554 Düsseldorf

Petra Horch
Augustastr. 3
40477 Düsseldorf

Ihr Ansprechpartner: Markus Freiberg
Abteilung: Mahnwesen

Telefon: 0211 820-10
Telefax: 0211 820-20
E-Mail: freiberg@mars-media.de
Internet: www.mars-media.de

Datum: 2015-10-01

2. Zahlungserinnerung
Rechnungsnr.: 8347583478

Sehr geehrte Frau Horch,

Sie haben am 02.08.2015 bei uns auf Rechnung folgenden Artikel gekauft:

Birne Notebook slimeline 15 Zoll

Bis zum heutigen Tag können wir zu o.g. Rechnung in Höhe von 999,00 EUR keinen Zahlungseingang feststellen. Wir fordern Sie daher auf, den Rechnungsbetrag innerhalb von 14 Tagen ab Rechnungsdatum zu begleichen. Andernfalls sehen wir uns gezwungen, den Betrag klageweise geltend zu machen.

Sollten Sie zwischenzeitlich bereits Zahlung geleistet haben, betrachten Sie dieses Schreiben bitte als gegenstandslos.

Freundliche Grüße

Markus Freiberg

Markus Freiberg
Mars Media

Geschäftsräume
Tannonventer 3
40654 Düsseldorf

E-Mail
info@mars-media.de
Internet
www.marsmedia.de

Bankverbindung
Frankfurter Bank
Konto: 3777888100
BLZ 360 900 54

IBAN: DE98 3609 0054 3777 8881 00
SWIFT-BIC: FFMKDEFF390

Komplementär: Dr. Guido Höchst, Kommanditisten: Manuel Neuner, Nina Glauch, Patrick Witt
Handelsregister A 562118 beim Amtsgericht Düsseldorf

Petra ist entsetzt: „Oje, ich kann die Rechnung nicht bezahlen, ich habe erst 700,00 € gespart." Petra hatte das Notebook heimlich gegen den Willen ihrer Mutter gekauft. Zwar befürwortet Petras Mutter grundsätzlich den Kauf eines Notebooks, jedoch sei ein günstigeres Modell ausreichend. Der Kauf bei Mars Media war ganz einfach, weil der Verkäufer nicht nach Petras Alter fragte und den Kauf auf Rechnung selbst vorschlug. Petra hatte eigentlich gehofft, den Kaufpreis rechtzeitig ansparen zu können. Sie bekommt 455,67 € monatliche Ausbildungsvergütung und von ihrer Oma monatlich 100,00 € Taschengeld. Wird eine Klage vor Gericht Erfolg haben bzw. kann Petra die Klage noch abwenden?

Arbeitsaufträge

1. Stellen Sie die drei Stufen der Geschäftsfähigkeit dar und zitieren Sie die jeweils passenden Vorschrift(en). Gruppieren Sie Petra in eine Stufe ein und formulieren Sie, welche Auswirkungen dies auf den Kaufvertrag hat.

Stufen der Geschäftsfähigkeit		
1. Stufe:	**2. Stufe:**	**3. Stufe:**
Alter	Alter	Alter
§§	§§	§§

Auswirkung auf den Kaufvertrag:

2. Ändert sich an dem Ergebnis etwas, wenn Petra zwischenzeitlich ihren 18. Geburtstag gefeiert hat?

3. Petra hat ihrer Mutter den Kauf gebeichtet, die nach einer Standpauke noch einmal betont, dass sie strikt gegen den Kauf eines Birne Notebooks ist. Petra argumentiert: „Ich bezahle es doch von meiner Ausbildungsvergütung und von Omas Taschengeld. Oma ist mit einem Birne Notebook einverstanden." „Solche Entscheidungen trifft aber nicht Oma, sondern dein Vater und ich. Und wir sind dagegen." Petra ist empört, hat ihre Mutter Recht? Begründen Sie unter Angabe der passenden Vorschrift.

4. Petra erzählt ihrer Mutter wahrheitsgemäß: „Das Notebook war im Sonderangebot und kostet sonst 1.399,00 €. Ich hatte absolutes Glück und habe es zu einem Schnäppchenpreis bekommen. Bei einem solchen wirtschaftlichen Vorteil brauche ich deine Zustimmung gar nicht, schau mal in § 107 BGB." Begründen Sie, ob Petra Recht hat.

5. Schließlich versucht Petra ihre Mutter mit § 113 BGB davon zu überzeugen, dass sie ihre Einwilligung nicht braucht: „Ihr habt erlaubt, dass ich die Ausbildung mache, also darf ich alle Verträge, die damit zusammenhängen selbst abschließen. Da ich das Notebook für meine Ausbildung brauche, darf ich es auch ohne eure Genehmigung kaufen." Petra ahnt, dass dies nicht richtig ist. Begründen Sie warum.

6. Petra merkt, dass sich ihre Mutter nicht umstimmen lässt. Sie ist eigentlich ganz froh, da sie die Rechnung nicht zahlen kann und Angst vor einer Klage hat. Begründen Sie einerseits, ob Petras Sorge vor einer erfolgreichen Klage berechtigt ist bzw. was kann sie tun, um eine Klage zu verhindern.

Fortsetzung der Lernsituation:

Bevor Petra mit ihrer Mutter in den Elektromarkt geht, sucht sie alle Unterlagen zum Kauf zusammen. Als sie den Kaufvertrag in den Händen hält, wird sie auf „das Kleingedruckte" auf der Rückseite aufmerksam. Dort steht in kleiner grauer Schrift unter anderem folgende Klausel:

„Die Rücknahme von Waren, die an Minderjährige verkauft und von deren gesetzlichen Vertretern nicht genehmigt wurden, wird ausgeschlossen."

Ach du Schreck, kann Petra das Notebook also doch nicht zurückgeben?

© racamani – Fotolia.com

Fortsetzung Arbeitsaufträge

7. Stellen Sie fest, worum es sich bei dem Kleingedruckten handelt und ob es Vertragsbestandteil geworden ist. Begründen Sie anhand des Gesetzes.

8. Prüfen und begründen Sie unter Angabe von Vorschriften, ob die o.g. Klausel wirksam ist.

____

____

____

____

9. Nehmen Sie an, die Klausel sei unwirksam. Was würde dies für den übrigen Kaufvertrag bedeuten und welche Regelung gilt stattdessen? Begründen Sie unter Angabe der passenden Vorschrift, ob Petra das Notebook zurückgeben kann.

____

____

____

10. Petra überlegt, ob die Inhaltskontrolle nach § 307 BGB auch anwendbar gewesen wären, wenn sie das Notebook nicht für sich privat, sondern im Auftrag und für die Kanzlei gekauft hätte. Begründen Sie unter Angabe der passenden Vorschrift.

____

____

____

11. Ergänzen Sie folgende Aussagen zum Thema Allgemeine Geschäftsbedingungen.

Aussagen zum Thema AGB
AGB sind gemäß § 305 I BGB: • für eine ______________ von Verträgen • ______________ Vertragsbedingungen • die vom ______________ gestellt werden. AGB liegen gemäß § 305 I S. 3 BGB nicht vor, wenn Vertragsbedingungen im ______________ sind. Gemäß § 305 b) BGB werden diese ______________ genannt und haben ______________ vor AGB.
Gemäß § 305 II BGB werden AGB Vertragsbestandteil, 1. wenn die andere Vertragspartei ______________. 2. durch einen ______________, von dem der andere Vertragspartner in ______________ ______________ nehmen kann. In beiden Fällen muss der Kunde mit der Geltung ______________ sein. Gemäß § 305 c) werden ______________ Klauseln nicht Vertragsbestandteil.

Eine AGB-Klausel ist gemäß § 307 BGB unwirksam, wenn sie den Kunden ____________ benachteiligt.

Die §§ 308 und 309 BGB enthalten eine Aufzählung unwirksamer Klauseln. Es gibt

- Klauselverbote **mit** Wertungsmöglichkeit (§ 308 BGB). Das sind solche, die dem Richter ____________ ____________.
- Klauselverbote **ohne** Wertungsmöglichkeit (§ 309 BGB). Das sind solche, die dem Richter ____________ ____________.

a) Rechtsfolge bei Wirksamkeit der AGB: Klauseln bleiben ____________.

b) Rechtsfolge bei Unwirksamkeit der AGB:

- § 306 I BGB: Der übrige Vertrag ____________.
- § 306 II BGB: Der Inhalt des Vertrages richtet sich nach den ____________.

Möchte ein Kunde erreichen, dass der Verwender die AGB auch in Zukunft nicht mehr verwendet, muss er sich an die ____________ wenden. Diese können ____________ erheben.

12. Willi Windig ist Betreiber eines Autohauses. Für Autoverkäufe benutzt er immer denselben Vertrag, der extra dafür von ihm vorformulierte Bedingungen enthält. Letzte Woche geriet Windig jedoch an den spitzfindigen Dr. Schlau, der seine Bedingungen nicht akzeptieren und stattdessen verhandeln wollte. Erst nach dreistündiger Diskussion über die Lieferbedingungen konnten sich die beiden einigen und Dr. Schlau unterschrieb endlich den Vertrag.

    Handelt es sich bei den Lieferbedingungen um AGB? Begründen Sie Ihre Antwort unter Angabe von Vorschriften.

    ____

    ____

13. Der Fahrradverkäufer Rolf Rädle hat Allgemeine Geschäftsbedingungen entworfen und überlegt, wie er diese in seine Kundenverträge einbeziehen kann, ohne jeden Kunden einzeln und ausdrücklich darauf hinzuweisen. Wo könnte er die AGB in seinem Laden aushängen, damit sie wirksam werden?

    Kundentoilette ❑ **in einer dunklen Ecke des Ladens** ❑ **sichtbar an der Kasse** ❑

    in der Satteltasche der Fahrräder ❑ **im Schaufenster** ❑

14. Kerstin hat einen Vertrag im Fitnessstudio unterschrieben. Dieser enthält die AGB-Klausel: „Die Laufzeit des Vertrages beträgt drei Jahre.“ Laut Gesetz darf die Laufzeit aber höchstens zwei Jahre betragen. Ein Gericht entscheidet, dass die Klausel unwirksam ist.

    a) Was bedeutet die Unwirksamkeit der Klausel für Kerstins Vertrag und dessen Laufzeit? Begründen Sie unter Angabe der passenden Vorschrift.

    ____

    ____

    b) Kerstins Freundin Lisa will sich in demselben Fitnessstudio anmelden und wird stutzig: Das Studio hat die unwirksame Klausel trotz des Gerichtsurteils nicht geändert. Was kann Lisa tun, um zu erreichen, dass die Klausel geändert wird?

    ____

    ____

Fortsetzung der Lernsituation:

Nachdem Petra Horch sich nach der Mittagspause wieder an ihren Arbeitsplatz begeben hat, findet sie eine Nachricht von Frau John. Petra soll die Interclean Office Solutions GmbH als regelmäßige Fensterputzer für die Kanzleiräume beauftragen. Das Unternehmen soll im laufenden Jahr zehn Einsätze bekommen. Während Petra die E-Mail an die Interclean Office Solutions GmbH schreibt, ist sie mit den Gedanken immer noch bei der Mahnung von Mars Media. Deshalb unterläuft ihr ein Fehler und sie schreibt versehentlich 100 Einsätze, statt zehn Einsätze. Der Fehler fällt ihr erst auf, nachdem sie die E-Mail (am 02.10.2015) schon versendet hat. Deshalb ruft sie noch am selben Tag bei Frau Bauer aus der Vertriebsabteilung der Interclean Office Solutions GmbH an:

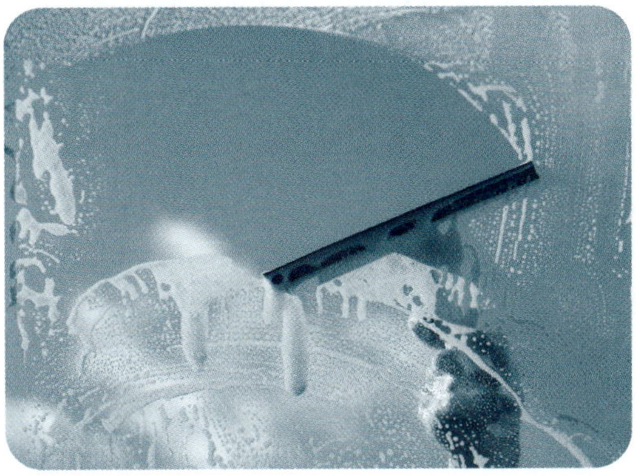

Petra: „Dr. Schmidt, Gerber & Partner, Petra Horch, Guten Tag. Es geht um meine E-Mail von eben. Ich habe mich verschrieben, sie sollen nur 10-mal Fenster putzen und nicht 100-mal."

Frau Bauer: „Also in Ihrem Auftrag steht schwarz auf weiß, dass Sie 100 Einsätze wünschen!"

Petra: „Aber was sollen wir denn mit 100 Terminen im laufenden Jahr? Dann kämen Sie ja jetzt jeden Tag, das macht doch keinen Sinn. Den Auftrag müssen Sie stornieren."

Frau Bauer: „Ich kann den Auftrag doch nicht einfach stornieren, schließlich haben wir einen Dienstvertrag."

Oje, heute läuft aber auch alles schief. Petra überlegt, was sie jetzt tun kann.

Fortsetzung Arbeitsaufträge

15. Prüfen Sie zunächst, ob ein Dienstvertrag entstanden ist.

16. Petra überlegt, ob der Vertrag gemäß § 125 BGB nichtig sein könnte, da sie den Auftrag nur per E-Mail geschickt hat?

17. Was wäre, wenn Petra einfach behaupten würde, dass sie in Wirklichkeit gar keinen Auftrag erteilen wollte und die E-Mail nur so versendet hat. Wie würde sich dieser geheime Vorbehalt auswirken?

18. Könnte ein anderer Nichtigkeitsgrund infrage kommen? Nennen Sie alle Ihnen bekannten Nichtigkeitsgründe und prüfen Sie unter Angabe der jeweils passenden Vorschrift, ob diese hier anwendbar sind.

19. Prüfen Sie unter Angabe von Vorschriften, ob und wenn ja aus welchem Grund Petra die Willenserklärung anfechten könnte.

20. Bis wann kann Petra die Anfechtung erklären? Begründen Sie ihre Antwort durch die Nennung der passenden Vorschrift.

21. Gegenüber wem und in welcher Form muss Petra im Falle einer Anfechtung die Erklärung abgeben? Nennen Sie die passende Vorschrift.

22. Prüfen Sie, ob Petras Anruf den Anforderungen an eine Anfechtungserklärung genügt.

23. Welche Rechtsfolge hat die Anfechtung?

24. Petra möchte ihre Kenntnisse über die Anfechtung auch privat nutzen. Prüfen Sie, ob eine Anfechtung folgender Verträge möglich ist und begründen sie:

   a) Petra hat sich einen Bauch-Weg-Trainer gekauft, da sie gehofft hat, dass sie sich damit ein Six-Pack antrainieren könnte. Nun trainiert sie schon seit zwei Monaten regelmäßig mit dem Gerät, aber von Bauchmuskeln ist nicht viel zu sehen.

   b) Petra hat sich ein Long-Board gekauft. Nun möchte sie es umtauschen, weil sie das Fahren damit im Düsseldorfer Stadtverkehr als zu gefährlich ansieht.

c) Petra hat neulich in einem Online-Versandhandel versehentlich die Schaltfläche „Bestellung versenden" geklickt, weil sie glaubte, damit die Webseite schließen zu können. Die erfolgte Lieferung erstaunte sie sehr.

d) Petra hat sich vor zwei Jahren beim Gebrauchtwagenhändler Windig einen gebrauchten Ford Ka gekauft. Auf die Frage, ob es sich um ein Unfallfahrzeug handele, verneinte der Autoverkäufer: „Nein, der Wagen ist unfallfrei, das weiß ich genau." Bei einer Inspektion stellt sich jedoch heraus, dass es sich sehr wohl um einen Unfallwagen handelt. Kann Petra noch etwas unternehmen, obwohl sie das Auto zwei Jahre gefahren hat? Begründen Sie unter Angabe von Vorschriften.

Übungsaufgaben

1. Nennen Sie jeweils die zutreffenden Paragrafen und begründen Sie Ihre Antwort!

   a) Tina (16) erhält eine monatliche Ausbildungsvergütung von 320,00 €. Davon kauft sie für 100,00 € eine gebrauchte Spielekonsole. Unter welcher Voraussetzung kommt es auf die Einwilligung der Eltern nicht an?

   b) Klaus (16) gründet mit Einwilligung seiner Eltern und des Vormundschaftsgerichts eine Softwarefirma, mit der er monatlich etwa 3.000,00 € Gewinn macht. Klaus möchte sich von dem Geld eine professionelle DJ-Ausrüstung kaufen, mit der er privat im Hobbykeller üben würde. Kann Klaus die DJ-Ausrüstung kaufen, wenn seine Eltern dagegen sind?

   c) Jasmin (15) hat von ihren Eltern 500,00 € für den Führerschein bekommen. Ihre Freundin Christina (18) ist in Geldnot und bietet ihr eine professionelle Fotoausrüstung für 500,00 € zum Kauf an. Da die Ausrüstung eigentlich 2.000,00 € wert ist, erklärt Jasmin hocherfreut die Annahme. Ist der Vertrag wirksam?

LERNFELD 3

2. Verbinden Sie sinnvoll.

Rechtsfähigkeit ist	die Fähigkeit, Willenserklärungen wirksam abzugeben und damit wirksame Rechtsgeschäfte abzuschließen.
Geschäftsfähigkeit ist	für einen Schaden aufgrund einer unerlaubten Handlung zivilrechtlich verantwortlich zu sein.
Deliktsfähigkeit bedeutet	für einen Schaden aufgrund einer unerlaubten Handlung strafrechtlich verantwortlich zu sein.
Straffähigkeit bedeutet	die Fähigkeit Träger von Rechten und Pflichten zu sein.

3. Beurteilen Sie die Fälle unter Angabe von Vorschriften.

Die 5-jährige Greta spielt im kleinen elterlichen Garten mit einem Fußball. Da sie kein Tor hat, zielt sie auf das gläserne Gewächshaus des Nachbarn Bolte. Beim 10. Versuch trifft sie und das Gewächshaus geht zu Bruch.

a) Kann Nachbar Bolte von Greta Schadensersatz verlangen?

b) Kann Nachbar Bolte von Gretas Eltern Schadensersatz verlangen? Gretas Vater war zu diesem Zeitpunkt nicht zu Hause und die Mutter hatte Greta erlaubt mit dem Ball im Garten zu spielen und sich zum Mittagschlaf hingelegt. Ihr war bewusst, dass der Garten sehr klein ist und Greta schon sehr fest schießen kann.

4. Begründen Sie mit passender BGB-Vorschrift, ob folgende Rechtsgeschäfte nichtig, anfechtbar oder wirksam sind.

Rechtsgeschäft	nichtig	anfechtbar	wirksam	Begründung mit §§
Die Renovierungsarbeiten der Firma Windig betragen 4.800,00 €. Um Steuern zu sparen, vereinbart Herr Windig mit dem Kunden Kungel eine „offizielle Rechnung“ von 1.800,00 €.	❑	❑	❑	❑
Metzger Müller verkauft normales Fleisch als Bioware.	❑	❑	❑	❑

Auf einer feucht-fröhlichen Betriebsfeier bietet Hans Vogel einem Kollegen seinen Porsche für 5,00 € an.	❑	❑	❑	❑
Der Bayer Barzl bestellt sich auf einem Betriebsausflug nach Köln von der Speisekarte einen „Halven Hahn". Statt des erwarteten halben Hähnchens bringt der Kellner ihm ein Käsebrötchen.	❑	❑	❑	❑
Herr Wurm verkauft an einen Händler ein Buch von Rilke für 10,00 €. Später stellt sich heraus, dass es sich um eine seltene Erstausgabe handelt, die 1.500,00 € wert ist.	❑	❑	❑	❑
Bei einem Angebot werden versehentlich 79,00 € statt 97,00 € angegeben.	❑	❑	❑	❑

5. Beantworten Sie die Fallfrage jeweils unter Angabe der passenden Vorschrift.

Herr Maier verlangt von dem Politiker Hunold, ihm ein Darlehen von 20.000,00 € zu gewähren. Als Hunold sich weigert, droht Maier, er werde ein paar Vorkommnisse aus der Vergangenheit des Hunold an die Öffentlichkeit bringen, falls er das Geld nicht erhalte. Weil Hunold Nachteile für seine politische Karriere befürchtet, gewährt er das verlangte Darlehen nun doch.

a) Erläutern Sie, ob und wenn ja aus welchem Grund Hunold die Darlehenszusage anfechten kann?

b) Welche Frist gilt und wann beginnt sie?

c) Wie kann Hunold die Anfechtung vornehmen?

d) Welche Wirkung hat die Anfechtung?

LERNSITUATION 6: VORAUSSETZUNGEN FÜR DIE RECHTSGESCHÄFTLICHE VERTRETUNG PRÜFEN

Am wöchentlichen Teamtreffen im großen Besprechungsraum der Kanzlei Dr. Schmidt, Gerber & Partner nehmen heute der Partner Dr. Lothar Schmidt, Bürovorsteherin Kirsten John und die Auszubildenden Petra Horch und Ahmet Ince teil. Unter anderem werden heute Aufgaben verteilt.

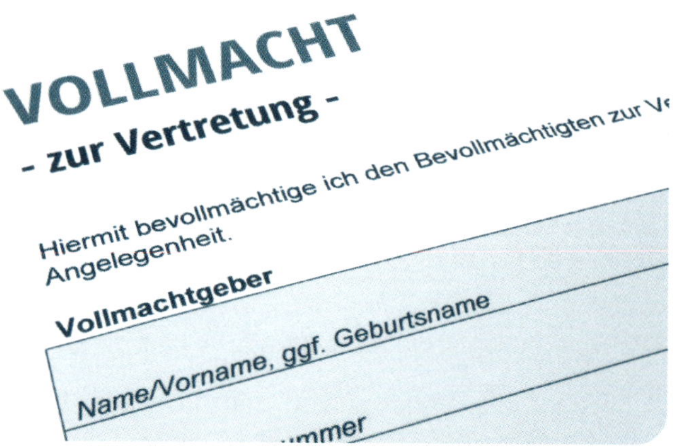

© VRD – Fotolia.com

Dr. Lothar Schmidt: „Ich möchte, dass sich unsere Auszubildenden auch im Einkauf gut auskennen. Da die Anschaffung einiger Dinge gerade ansteht, möchte ich euch damit beauftragen. Petra, könntest du bitte beim Catering-Service Partykönig 100 Brötchen für unsere zweistündige Mandantenveranstaltung morgen Abend bestellen? Wähle bitte das Angebot ‚Weizenbrötchen – Mix 1' für 150,00 €."

Petra: „Ja, gerne. Brauchen Sie auch Getränke?"

Dr. Lothar Schmidt: „Gut, dass du daran denkst – wir brauchen Softdrinks für 35 Leute. Der Partykönig ist mit 2,50 € pro 0,2 Liter Flasche etwas zu teuer. Bitte schau mal, ob du ein günstigeres Angebot findest. Falls ja, bestelle bitte dort, du kannst die Sorten selbst aussuchen und die Menge selbst abschätzen. Wenn nach der Party was für euch Auszubildende übrig bleibt, ist das auch ok. Geld bekommst du von Frau John. Schaffst du das?"

Petra: „Na klar!"

Dr. Lothar Schmidt: „Ahmet, für dich habe ich eine besondere Aufgabe. Ich möchte mir ein neues Notebook kaufen und habe mich für das Simsang 500 SLi 14 Zoll entschieden. Das Gerät kostet eigentlich 1.250,00 €. Im Elektromarkt Mars Media habe ich ein bisschen gehandelt und man hat mir 1.090,00 € als letzten Preis genannt. Ich glaube aber, mit dem richtigen Verhandlungsgeschick geht da noch mehr. Könntest du es vielleicht probieren? Wenn der Verkäufer unter 1.090,00 € geht, kannst du das Notebook direkt kaufen. Ich gebe dir Geld mit. Ist das in Ordnung für dich?"

Ahmet: „Aber klar, das macht mir Spaß!"

Dr. Lothar Schmidt: „Prima. Und nun noch zu Ihnen, Frau John. Zunächst möchte ich mich bedanken, da Sie letzte Woche eine richtig gute Entscheidung getroffen und ein moderneres Kopiergerät für unsere Kanzlei angeschafft haben. Sie haben wie immer eine gute Wahl getroffen!"

Frau John: „Das Gerät ist geleast, und da ich das ältere Modell in Zahlung geben konnte, kostet das Ganze nur geringfügig mehr."

Dr. Lothar Schmidt: „Sehr geschäftstüchtig, vielen Dank. Könnten Sie vielleicht noch ein paar Reservetoner anschaffen, damit der Kopierer immer einsatzbereit ist?"

Frau John: „Wird gemacht."

Dr. Lothar Schmidt: „Okay, die Aufgaben sind verteilt. Wenn es Fragen gibt, sprechen Sie mich an, das gilt natürlich besonders für unsere Auszubildenden."

Arbeitsaufträge

1. Zurück an ihrem Arbeitsplatz bereitet Petra das Telefonat mit dem Catering-Service Partykönig vor. Sie überlegt, das Gespräch wie folgt einzuleiten: „... Ich rufe als Stellvertreterin für die Kanzlei Dr. Schmidt, Gerber & Partner an und möchte ‚Weizenbrötchen – Mix 1' bestellen." Begründen Sie, ob diese Aussage rechtlich richtig ist.

© Jane – Fotolia.com

2. Petra hat im Internet nach Getränkelieferanten gesucht und Preise verglichen. Tatsächlich hat sie einen Lieferanten gefunden, der 30 % günstiger ist als der Catering-Service Partykönig. Das Unternehmen „Brings Drinks" bietet die Getränkebestellung über ein Online-Formular an. Dazu müssen einige Pflichtfelder ausgefüllt werden.

   a) Zunächst wird nach einem Namen und einer Anschrift gefragt. Petra überlegt, ob sie ihre Daten oder die der Kanzlei angeben soll. Begründen Sie.

   b) Ist Petra diesmal Stellvertreterin? Begründen Sie anhand der entsprechenden Vorschrift. Und falls, ja, sollte Petra dies gegenüber „Brings Drinks" im Feld „Sonstiges" zu erkennen geben?

   c) Petra ist sich unsicher, ob sie überhaupt im Namen der Kanzlei bestellen darf, schließlich hat sie keine schriftliche Vollmacht? Sie wundert sich auch, dass sie vom Getränkelieferanten nicht nach einer Vollmacht gefragt wird. Begründen Sie.

   d) Könnte „Brings Drinks" Petras Auftrag ablehnen, weil sie erst 17 ist?

e) Petra wird in dem Online-Formular aufgefordert, die gewünschte Getränkemenge und Sorte anzugeben. Sie hat die Wahl zwischen Wasser, Cola und diversen Limonaden- und Biersorten. Alle Getränke werden in Flaschen à 0,33 Liter angeboten und können einzeln bestellt werden. Petra überlegt, was die optimale Menge ist. Die Getränke sollen für die Partygäste reichen und es soll so viel wie möglich für die Auszubildenden übrig bleiben, ohne das Petra „ihre Befugnisse überschreitet". Legen Sie Sorten und ungefähre Menge fest und begründen Sie.

f) Petra überlegt kurz, was ihr passieren könnte, wenn sie einen Kasten Bier für ihre nächste Party mitbestellen würde. Geben Sie ihr eine rechtlich begründete Antwort.

g) Am Ende des Online-Formulars wird Petra aufgefordert, ihre Bestellung zu überprüfen und zum Gesamtbetrag von 254,50 € kostenpflichtig zu bestellen. Petra schluckt: Könnte der Getränkelieferant das Geld von ihr verlangen, falls die Kanzlei nicht zahlt?

h) Petra soll mit einem Häkchen bestätigen, dass sie mit den AGB von „Brings Drinks" einverstanden ist. Einerseits fragt Petra sich, ob sie das im Namen der Kanzlei machen darf, denn über AGB hat sie mit Dr. Schmidt gar nicht gesprochen? Beim Überfliegen liest sie außerdem das Wort „Lieferzeit" und überlegt, ob Sie von der Kanzlei haftbar gemacht werden kann, wenn die Getränke zu spät geliefert werden?

3. Ahmet ist auf dem Weg in den Elektromarkt Mars Media um für Rechtsanwalt Dr. Schmidt den Preis für das Simsang 500 SLi 14 Zoll herunterzuhandeln. Bisher hat er sich bei Aufträgen für die Kanzlei immer als deren Stellvertreter zu erkennen gegeben. Begründen Sie, ob es sich hier trotzdem um Stellvertretung handelt, und wenn ja, um welche Form?

4. Ahmet hat mit dem Verkäufer hart aber fair um den Preis für das Notebook gehandelt. Schließlich willigt der Verkäufer bei 999,00 € ein: „Das ist mein letztes Angebot." Ahmet ist stolz, dass er so einen guten Preis herausgeschlagen hat und kauft das Notebook von dem Geld, das Dr. Schmidt ihm mitgegeben hat, ohne dessen Namen zu nennen. Er denkt darüber nach, ob es rechtens wäre, das Notebook für sich zu behalten – natürlich, wenn er Dr. Schmidt sein Geld zurückgeben würde? Begründen Sie.

5. Würde sich in o.g. Fall etwas ändern, wenn Ahmet sich gegenüber dem Verkäufer zu erkennen gegeben hätte, dass er für Dr. Schmidt handelt?

6. Da Ahmet nach dem Notebook-Kauf noch etwas von dem Geld von Dr. Schmidt übrig hat, überlegt er davon noch ein PC-Spiel zu kaufen, das er sich von Dr. Schmidt dann mal ausleihen könnte. Beurteilen Sie den Fall anhand der passenden Vorschrift.

7. Ahmet hat nur das Notebook gekauft und ist auf dem Rückweg in die Kanzlei. Er überlegt immer noch, ob es rechtlich noch eine andere Möglichkeit gäbe, durch die er und nicht Dr. Schmidt Käufer des Notebooks wird. Er kommt auf eine Idee: Er könnte das Notebook als Vertreter von Dr. Schmidt doch in dessen Namen an sich selbst verkaufen? Begründen Sie anhand der passenden Vorschrift, ob das möglich ist.

8. Ergänzen Sie den folgenden Dialog zwischen Ahmet und Petra sinnvoll.

Ahmet: „Bei Mars Media habe ich das Kopiergerät gesehen, dass Frau John geleast hat. Was bedeutet eigentlich Leasing?"

Petra:

„ ___

___ "

Ahmet: „Ach so ist das."

Petra: „Ich wollte dir auch noch was erzählen. Stell dir vor, eben kam Frau John und hat mich beauftragt, die Toner für den Kopierer zu bestellen. Ich darf entscheiden, wo ich bestelle und für welchen Preis. Dabei hat Dr. Schmidt sie doch damit beauftragt! Kann sie das so einfach an mich weitergeben?"

Ahmet:

" ______________________________

______________________________ "

Übungsaufgaben

1. Kreuzen Sie an, ob es sich in den folgenden Fällen um Stellvertretung oder Botenschaft handelt.

Fälle	Stellvertreter	Bote
Sinas Freund Lennart kennt sich gut mit Autos aus. Sina bittet ihn, ihr ein schönes Auto für 1.500,00 € zu kaufen.	❑	❑
Oma Kleine schickt ihre 9-jährige Enkelin Celina mit einem Einkaufszettel in den Supermarkt. Celina besorgt alles, was auf dem Zettel steht und darf zur Belohnung das Restgeld behalten.	❑	❑
Frau Grauert bittet ihre Hausangestellte, Frau Kleinert, auf ihre Rechnung eine Waschmaschine zu besorgen. Da Frau Kleinert die Waschmaschine später auch bedienen wird, soll sie selbst ein passendes Gerät aussuchen.	❑	❑

2. Überprüfen Sie die Aussagen zur Stellvertretung. Schreiben Sie 1 für richtig und 9 für falsch.

Aussage	1 oder 9
Die Rechtsgrundlage für eine Stellvertretung kann sich nur aus dem Gesetz ergeben.	
Die Prokura ist als Sonderform der Vertretung im HGB geregelt.	
Eine Vollmacht ist eine rechtsgeschäftlich erteilte Vertretungsmacht.	
Die Vollmacht muss immer schriftlich erfolgen.	
Die offene Stellvertretung ist nach außen erkennbar und ist im Gegensatz zur verdeckten Stellvertretung die „echte" Stellvertretung im Sinne des BGB.	
Herr Kluge hat als Einkäufer der Wiesmann GmbH eine Gattungsvollmacht für das Kaufen und Verkaufen von Lieferwagen. Er darf daher einen teuren Firmenwagen für 50,00 € an sich selbst verkaufen.	
Überschreitet der Vertreter seine Vertretungsmacht, so haftet er selbst.	

3. Nennen Sie ein typisches Beispiel aus der Anwaltspraxis für eine Vollmacht, die sich nach ihrer Funktion bestimmt.

____

____

LERNSITUATION 7:
STAND DER VERTRAGSABWICKLUNG ÜBERWACHEN

Die Auszubildende Daniela trifft sich in der Mittagspause mit ihrer ehemaligen Schulkollegin Anna Schäfer. Anna ist Auszubildende im Einzelhandelsunternehmen Brautmoden Kruse GmbH.

© Robert Kneschke – Fotolia.com

Anna erzählt: „Wenn wir Ware bekommen, muss ich im Beisein des Lieferanten eine äußere Prüfung der Ware vornehmen. Ich vergleiche dann die Anzahl der gelieferten Stücke mit den Begleitpapieren und kontrolliere die Anschrift und die äußerliche Unversehrtheit der Ware. Das Ganze muss ich dann auf einem Kontrollblatt vermerken. Macht ihr das auch?"

Daniela: „Ich weiß nicht, ich glaube bei uns ist man da nicht so streng."

Anna: „Bekommt ihr denn viel Ware?"

Daniela: „Naja, bestimmt nicht soviel wie ihr, wir verkaufen ja schließlich auch keine Waren. Wir bekommen hauptsächlich Lieferungen mit Bürobedarf."

Anna: „Ach so. Aber ihr müsst doch bestimmt auch sofort überprüfen, ob damit alles in Ordnung ist?"

Daniela: „Was meinst du damit?"

Anna: „Also, wir müssen die Art, Menge, Beschaffenheit und Güte der Waren sofort prüfen und Mängel rügen, sonst können wir keine Rechte wegen mangelhafter Lieferung mehr geltend machen."

Daniela: „Komisch, das habe ich bei uns noch nicht mitbekommen. Ich erwarte nämlich heute Nachmittag eine Bücherlieferung und müsste direkt mal nachfragen."

LERNFELD 3

Arbeitsaufträge

1. Erläutern Sie, warum das Einzelhandelsunternehmen, in dem Anna Auszubildende ist, diese strengen Prüf- und Rügepflichten bei Wareneingang durchführt. Auf welche Vorschrift gehen diese zurück?

2. Ist auch die Anwaltskanzlei verpflichtet, sämtliche Lieferungen bei Eingang zu untersuchen? Begründen Sie Ihre Lösung.

Fortsetzung der Lernsituation:

In der nächsten Mittagspause sitzen Daniela und Anna wieder zusammen.

Daniela: „Ich habe Dir doch gestern erzählt, dass wir eine Bücherlieferung erwarten. Es handelt sich dabei um Kommentare zum Gesellschaftsrecht, die wir im Zusammenhang mit einem großen Mandat dringend benötigen und vor zwei Wochen verbindlich bestellt haben. Die Buchhandlung musste die Kommentare selbst bestellen, deshalb meinten sie, dass die Bücher „voraussichtlich in zwei Wochen" da sein werden. Das wäre allerdings schon vor zwei Tagen gewesen. Jetzt habe ich gestern dort angerufen und gefragt, weshalb wir denn die Bücher noch nicht bekommen hätten. Sagt mir doch die Verkäuferin glatt, dass das ja nur eine unverbindliche Angabe war und wir gar nicht auf diesen Liefertermin bestehen könnten. Außerdem sei ja überhaupt nicht vereinbart worden, dass die Bücher geliefert werden, wir müssten die bei ihnen abholen. Wenn wir das nicht wollten, würden sie sie liefern, aber dann müssten wir noch Lieferkosten bezahlen. Das ist doch eine Unverschämtheit!"

Anna: „Habt Ihr denn tatsächlich ein Datum vereinbart? Und ist besprochen worden, dass die Bücher kostenlos verschickt werden?"

Daniela: „Das weiß ich gar nicht mehr genau, aber ich glaube, darüber haben wir nicht geredet."

Anna: „Dann hat die Verkäuferin vielleicht sogar Recht!"

Daniela: „Wirklich? Wenn nichts vereinbart ist, kann sich der Verkäufer solange Zeit lassen, wie er möchte? Und der Käufer muss die Ware beim Verkäufer abholen oder die Lieferkosten bezahlen?"

Anna: „Ich glaube schon, wir machen das auch so."

Fortsetzung Arbeitsaufträge

1. Finden Sie heraus, welche **Zeit für die Leistung** gesetzlich gilt, wenn vertraglich nichts vereinbart wurde.

2. Stellen Sie in einer Übersicht dar, an welchem **Ort die Leistung** bei Fehlen einer vertraglichen Vereinbarung erbracht werden muss. Gehen Sie dabei auf die Begriffe **Holschuld, Bringschuld und Schickschuld** ein und stellen Sie die Besonderheiten beim **Versendungskauf** dar.

Fortsetzung der Lernsituation:

Drei Tage später treffen sich Daniela und Anna noch einmal. Daniela kommt gerade aus der Buchhandlung und ist total aufgeregt:

„Stell Dir vor, was gerade passiert ist. Ich bin jetzt heute Morgen tatsächlich in die Buchhandlung gefahren, um die Kommentare abzuholen. Als ich ankam, sagt mit die Verkäuferin, dass die Bücher gestern Morgen angekommen seien, aber gestern Nachmittag ein Kunde aus einer anderen Kanzlei da war, der diese Kommentare auch benötigt hat. Deshalb hat sie ihm die Bücher mitgegeben und für uns neue bestellt. Das würde jetzt halt wieder zwei Wochen dauern. Ich fasse es gar nicht! Das waren doch unsere Bücher!"

Anna: „Ich kenne mich ja rechtlich nicht so ganz genau aus, aber meine Chefin im Brautmodengeschäft hat mir schon einmal erzählt, dass es keine Rolle spielt, ob wir einen gültigen Kaufvertrag haben, Eigentümer der Ware wird man wohl erst nach der Lieferung. Es gibt da wohl zwei voneinander getrennte Geschäfte. Das habe ich aber nicht ganz verstanden."

Daniela: „Das kann ich ja gar nicht glauben, wenn ich wieder in der Kanzlei bin, muss ich sofort mit meiner Ausbilderin reden und mich mal schlau machen. So geht's ja wohl nicht!"

Fortsetzung Arbeitsaufträge

1. Finden Sie heraus, ob Anna Recht hat und es wirklich „zwei voneinander getrennte Geschäfte“ gibt. Wie nennt man diese Geschäfte und welchen Zweck könnte eine solche Regelung haben?

2. Prüfen Sie, welche Ansprüche die Kanzlei gegenüber der Buchhandlung hat, falls diese tatsächlich berechtigt war, die Kommentare anderweitig zu verkaufen.

LERNSITUATION 8: AUF SCHLECHTLEISTUNG REAGIEREN

Um den wichtigen Aspekten der ergonomischen Ausstattung von Arbeitsplätzen gerecht zu werden, hat Frau Rechtsanwältin Keller aus der Kanzlei Dr. Schmidt, Gerber & Partner für alle Mitarbeiter bei der Kunze Büromöbel GmbH 15 rückengerechte Bürostühle „ERGO-MAX 4" bestellt.

© Rauer – Fotolia.com

Die Lieferung erfolgt zu dem vereinbarten Termin. Gemeinsam mit dem Auszubildenden Herrn Ahmed Ince nimmt Frau Keller die Stühle entgegen. Am nächsten Tag stellt Frau Horch fest, dass die Rückenlehne an ihrem Stuhl nicht wie beschrieben arretiert werden kann. Daraufhin werden alle Stühle überprüft. Dabei stellt sich heraus, dass zwei weitere Stühle nicht wie zugesagt geliefert wurden. An einem Stuhl ist die Rückenlehne andersfarbig und an dem anderen sind die Armlehnen nicht beweglich.

Auszug aus dem Lieferschein:

Kunze Büromöbel GmbH Hauptstätter Straße 118 70173 Stuttgart			
Artikelnummer	**Menge**	**Artikel**	**Preis**
300	15	Bürostuhl „ERGOMAX 4", Farbe blau	349,00 €/Stück

Arbeitsaufträge

1. Frau Keller ist an den nächsten beiden Tagen bei einer Kammerfortbildung, weshalb sie die Auszubildenden beauftragt, bis zu ihrer Rückkehr ein Schreiben an die Kunze Büromöbel GmbH zu formulieren, in dem alle Mängel aufgeführt sind und die bestehenden Rechte formuliert werden. Sie weist auf die §§ 433–441 BGB hin.

DR. SCHMIDT · GERBER & PARTNER
RECHTSANWÄLTE
Gesellschaft bürgerlichen Rechts

Dr. Schmidt · Gerber & Partner, Postfach 1 05 66 20, 40477 Düsseldorf

Ihr Zeichen:
Ihre Nachricht vom:
Unser Zeichen:
Unsere Nachricht vom:

Name:
Telefon: 0211 30303-0
Telefax: 0211 30303-33
E-Mail: nachname@schmidt-gerber.de

Datum:

Dr. Lothar Schmidt · Achim Gerber LL.M Private Health Management – Unternehmensnachfolge Erbrecht & Vermögen
Dr. Frauke Hansen – Fachanwältin für Familienrecht · Sebastian Gerlach – Fachanwalt für Erbrecht
Dr. Sina Hopfe – Fachanwältin für Familienrecht · Dr. Martin Schweighöfer – Fachanwalt für Erbrecht · Caroline Keller
Lindenstraße 20, 40477 Düsseldorf – E-Mail: zentrale@schmidt-gerber.de – Internet: www.schmidt-gerber.de
AB Bank – IBAN DE40 3005 0000 1234 5678 91 – BIC BELADED2RGV – Steuernummer: DE111111111

2. Frau Keller bittet die Auszubildenden für zukünftige Fälle eine Checkliste nach folgendem Muster für die Warenannahme zu erstellen.

Checkliste Warenannahme	
Kontrolle in Anwesenheit des Lieferers	**Kontrolle beim Auspacken**
✓	✓
✓	✓
✓	✓
✓	✓
✓	✓
✓	✓
✓	✓

3. Zusätzlich zu der Checkliste sollen die Auszubildenden für die schnellere Bearbeitung von zukünftigen mangelhaften Lieferungen folgende Übersicht mit den Rechten des Käufers ergänzen und ggf. umgestalten.

Rechte des Käufers gem. § 437 BGB

Voraussetzungen gemäß:

$ 434 BGB: ______________________

$ 442 I BGB: ______________________

Vorrangige Rechte (sofort geltend machen):

entweder ______________________

oder ______________________

§ 440 BGB: ______________________

§ 439 III BGB: ______________________

§ 439 II BGB: ______________________

Zur Beseitigung des Mangels wird eine Nachfrist gesetzt.

Auf die Nachfrist kann verzichtet werden, wenn:

____

____

Ist die Frist abgelaufen, können nachrangige Rechte geltend gemacht werden:

$ 441 BGB: ______________________________

§§ 440, 323, 326 V BGB: ______________________________

____

____

§ 281 BGB: ______________________________

§ 284 BGB: ______________________________

Übungsaufgaben

Die Kanzleimitarbeiter wissen, dass die Auszubildenden sehr gut zu dem Thema Sachmängel und den aus mangelhaften Lieferungen resultierenden Rechten gearbeitet haben. Dies führt dazu, dass sie in folgenden Fällen um Bearbeitung gebeten werden.

1. Die Kanzlei hat vor vier Wochen eine neue Telefonanlage gekauft. Nach zwei Tagen stellte sich heraus, dass aus einem Besprechungszimmer heraus telefoniert werden kann, aber keine Gespräche empfangen werden können. Trotz Zusage der Telefonfirma ist der Mangel nicht innerhalb von zwei Wochen behoben. Die Auszubildenden sollen prüfen, ob
   - eine preisgünstigere Anlage eines anderen Anbieters gekauft werden kann
   - die defekte Anlage zurückgegeben werden kann.
2. Die Kanzlei hat zur Feier des 20-jährigen Jubiläums bei einem Caterer Fingerfood für 120 Personen bestellt. Das Fingerfood wurde termingerecht geliefert. Nach einer Stunde wurde festgestellt, dass nur für 70 Personen geliefert wurde. Der Italiener um die Ecke kann aushelfen, allerdings kostet das 350,– € mehr.

LERNSITUATION 9:
AUF NICHT RECHTZEITIGE LIEFERUNG REAGIEREN

Die Kanzlei veranstaltet regelmäßig Informationsabende für Mandanten. An diesen Abenden gibt es in der Regel eine Kleinigkeit zu essen und zu trinken. Die Teilnehmerzahl ist auf 30 Personen begrenzt. Frau Genau hat im Auftrag von RA Dr. Schmidt die Auszubildende Daniela beauftragt, die Verpflegung zu besorgen.

Arbeitsauftrag

Eingang Gesendet Entwürfe

An: azubis@schmidt-gerber.de
Kopie:
Betreff: Bestellung Informationsabend
Von: genau@schmidt-gerber.de

Liebe Daniela,

in 2 Stunden beginnt unser Informationsabend und wir haben weder das Angebot Antipasti für 30 Personen zu 250 € noch die 120 Flaschen 0,2 l alkoholfreie Softdrinks in den Geschmacksrichtungen Zitrone-Minze-Holunder, Johannisbeer-Kirsche und Orange-Ingwer vom Partyservice Italiana geliefert bekommen. Der Partyservice hatte die Lieferung für 14 Uhr zugesagt. Auf Nachfrage hat der Caterer erklärt, dass er heute nicht mehr liefern kann.

Besorgen Sie bitte etwas zu knabbern, Käsewürfel, Trauben sowie je 2 Kisten Wasser und Saft im Supermarkt.

Verfassen Sie ein Schreiben an den Partyservice Italiana, Mitarbeiter Alessandro Conti, in dem Sie unsere Rechte und seine Pflichten in diesem Fall darlegen. Begründen Sie mit dem Gesetz. Das Schreiben legen Sie mir zur Unterschrift vor (BGB: §§ 280, 281 Abs. 1 und 2, 286 Abs. 1 und 2).

Erstellen Sie für zukünftige Fälle eine Übersicht über Voraussetzungen und Rechte bei verspäteter Lieferung.

Mit freundlichen Grüßen

Genau

Informationsmaterial

Einkaufsmarkt
Günstig & Gut

26.01.2017
15:35 Uhr

Knabberstangen natur	
20 * 1,99 €	39,80 €
Knabberstangen Käse	
20 * 2,02 €	40,40 €
2 Kisten Wasser still	18,98 €
2 Kisten Saft	24,98 €
Käsewürfel	
10 * 3,25 €	32,50 €
Trauben	
4 kg * 4,99	19,95 €
Total	176,61 €
Mwst. 7 %	12,36 €
Netto	188,97 €

Sie sammeln 7 Bonuspunkte!

Vielen Dank für Ihren Einkauf!

DR. SCHMIDT · GERBER & PARTNER
RECHTSANWÄLTE
Gesellschaft bürgerlichen Rechts

Dr. Schmidt · Gerber & Partner, Postfach 1 05 66 20, 40477 Düsseldorf

Ihr Zeichen:
Ihre Nachricht vom:
Unser Zeichen:
Unsere Nachricht vom:

Name:
Telefon: 0211 30303-0
Telefax: 0211 30303-33
E-Mail: nachname@schmidt-gerber.de

Datum:

Dr. Lothar Schmidt · Achim Gerber LL.M Private Health Management – Unternehmensnachfolge Erbrecht & Vermögen
Dr. Frauke Hansen – Fachanwältin für Familienrecht · Sebastian Gerlach – Fachanwalt für Erbrecht
Dr. Sina Hopfe – Fachanwältin für Familienrecht · Dr. Martin Schweighöfer – Fachanwalt für Erbrecht · Caroline Keller
Lindenstraße 20, 40477 Düsseldorf – E-Mail: zentrale@schmidt-gerber.de – Internet: www.schmidt-gerber.de
AB Bank – IBAN DE40 3005 0000 1234 5678 91 – BIC BELADED2RGV – Steuernummer: DE111111111

Übersicht

Nicht-rechtzeitige-Lieferung, § 286

Voraussetzungen

Verzug:

Rechte des Käufers

Übungsaufgaben

1. Erstellen Sie ein Ablaufschema, nach dem bei Verzug vorgegangen werden kann.
2. Für noch ausstehende Lieferungen soll Daniela anhand der Formulierungen in den entsprechenden Kaufverträgen prüfen, wann der Lieferant sich in Verzug befinden würde.

Formulierung im Kaufvertrag	Verzug (mit Begründung)
Lieferung 16.03.	
Lieferung innerhalb 3 Wochen nach Empfang der Auftragsbestätigung (Zugang 05.05.)	
Lieferung ab Juni	
Lieferung zwischen dem 2. und 18. Juni	
Lieferung sobald wie möglich	

LERNSITUATION 10:
AUF NICHT RECHTZEITIGE ZAHLUNG REAGIEREN

Die Kanzlei möchte einen Überblick über ausstehende Zahlungen erhalten und Handlungsmöglichkeiten bei verspäteter Zahlung hinterlegen. Als Bearbeitungsdatum wird der 05.03. angenommen.

Arbeitsauftrag

Eingang Gesendet Entwürfe

An: azubis@schmidt-gerber.de
Kopie:
Betreff: Zahlungsabwicklung kontrollieren
Von: genau@schmidt-gerber.de

Lieber Ahmet,

bitte prüfen Sie, ob die Zahlungen eingegangen sind. Erstellen Sie ein Schema, aus dem hervorgeht, ab wann ein Kostenschuldner in Verzug ist und welche Möglichkeiten bestehen, tätig zu werden. Verfassen Sie einen Musterbrief, in dem Sie höflich um Begleichung der ausstehenden Zahlung bitten.

Zur Unterstützung arbeiten Sie mit dem BGB (§§ 281, 286, 288, 323).

Mit freundlichen Grüßen

Genau

Anhang: Auszug Rechnung, Aktennotiz, Kontoauszug

Anlage 1: Auszug Rechnung und Aktennotiz

Da Sie sich in Verzug befinden, haben Sie ferner gemäß §§ 280, 286 BGB die in nachfolgender Vergütungsberechnung aufgeführten Rechtsanwaltsgebühren für unsere Inanspruchnahme zu tragen.

Gegenstandswert: 1.395,87 Euro

1,3 Geschäftsgebühr gem. Nr. 2300 VV RVG	149,50 Euro
PTE gem. Nr. 7002 VV RVG	20,00 Euro
Gesamtbetrag	**169,50 Euro**

Der Betrag ist bis 15.02. auf unser unten angegebenes Konto zu überweisen.

Notizzettel

Gebühren Klaus ./. Klaus 2.510,30 €, zahlbar bis 16.02. Schneider ./. Maurer 2.392,50 €, zahlbar bis 02.03.

Genau

Anlage 2: Auszug Kontoauszug

Buchung	Wert	PN-Nummer	Vorgang/Buchungsinformation	Umsatz in Euro
03.03.	03.03.	3553	Gutschrift	2.510,30
			Klaus ./. Klaus	
03.03.	03.03.	4065	Gutschrift	2.392,50
			Schneider ./. Maurer	

Prüfschema

Zahlung von	Zahlungstermin	eingegangen	Verzug	Reaktionsmöglichkeit

DR. SCHMIDT · GERBER & PARTNER
RECHTSANWÄLTE
Gesellschaft bürgerlichen Rechts

Dr. Schmidt · Gerber & Partner, Postfach 1 05 66 20, 40477 Düsseldorf

Ihr Zeichen:
Ihre Nachricht vom:
Unser Zeichen:
Unsere Nachricht vom:

Name:
Telefon: 0211 30303-0
Telefax: 0211 30303-33
E-Mail: nachname@schmidt-gerber.de

Datum:

Dr. Lothar Schmidt · Achim Gerber LL.M Private Health Management – Unternehmensnachfolge Erbrecht & Vermögen
Dr. Frauke Hansen – Fachanwältin für Familienrecht · Sebastian Gerlach – Fachanwalt für Erbrecht
Dr. Sina Hopfe – Fachanwältin für Familienrecht · Dr. Martin Schweighöfer – Fachanwalt für Erbrecht · Caroline Keller
Lindenstraße 20, 40477 Düsseldorf – E-Mail: zentrale@schmidt-gerber.de – Internet: www.schmidt-gerber.de
AB Bank – IBAN DE40 3005 0000 1234 5678 91 – BIC BELADED2RGV – Steuernummer: DE111111111

Übungsaufgaben

Die Bürotex liefert an die Kanzlei Dr. Schmidt, Gerber & Partner 100 Pakete Kopierpapier. Die Rechnung geht am 10.03. zu.

1. Die Rechnung enthält kein Zahlungsziel. Ab wann befindet sich die Kanzlei im Zahlungsverzug, wenn keine Mahnung versandt wurde?
2. Die Rechnung enthält kein Zahlungsziel. Ab wann befindet sich die Kanzlei im Zahlungsverzug, wenn am 20. März eine Mahnung zugeht?
3. Vereinbartes Zahlungsziel: 24. März. Ab wann tritt der Verzug ein?

LERNFELD 4

Ansprüche außergerichtlich geltend machen

LERNSITUATION 1: VORAUSSETZUNGEN DER VERSCHULDENSHAFTUNG PRÜFEN

Sebastian Poller, wohnhaft Carmenstraße 14, 40549 Düsseldorf, hat einen Besprechungstermin mit der Kanzlei Dr. Schmidt, Gerber & Partner in Düsseldorf vereinbart. Rechtsanwältin Caroline Keller lässt sich von Herrn Poller den Sachverhalt schildern; er erzählt:

Am 4. August 20xx war er mit seiner Frau Susanne auf dem Düsseldorfer Weinfest. Im Gedränge vor der Bühne, auf welcher die Band „We4you" die neuesten Hits spielte, stieß Herr Poller versehentlich mit Christian Wurster zusammen. Dieser machte sodann abfällige Bemerkungen über Herrn Poller und schubste ihn von sich. Herr Poller und seine Frau Susanne wollten sich daraufhin zurückziehen, um weiteren Ärger zu vermeiden, als plötzlich und unvermittelt Christian Wurster mit einem Taschenmesser in der Hand auf Sebastian Poller zuging. Herr Poller reagierte blitzschnell und brachte Christian Wurster mit einem Judo-Wurf zu Boden. Dabei ging die Brille des Christian Wurster zu Bruch und er zog sich einen Bruch am Handgelenk zu. Die Freunde von Christian Wurster konnten die beiden Streithähne sodann auseinander bringen. Die zwischenzeitlich hinzugekommenen Polizeibeamten nahmen die Personalien der beiden sowie den Ablauf des Streitgeschehens auf.

Herr Poller hat nun ein Schreiben von Christian Wurster bekommen, mit welchem dieser Schmerzensgeld in Höhe von 1.500,00 € sowie Schadensersatz in Höhe von 450,00 € für die zu Bruch gegangene Brille geltend macht.

Herr Poller möchte nun wissen, ob er den Gesamtbetrag von 1.950,00 € an Christian Wurster bezahlen muss.

Arbeitsaufträge

1. Rechtsanwältin Keller bittet die Auszubildende Petra Horch zu diesem Fall zunächst, anhand eines Schemas die Voraussetzungen der Haftung gem. § 823 BGB zu prüfen. Unterstützen Sie Petra bei dieser Aufgabe.

Voraussetzungen	trifft zu	trifft nicht zu
	❑	❑
	❑	❑
	❑	❑
	❑	❑

2. Sodann erhält Petra Horch von Rechtsanwältin Keller den Auftrag, ein Schreiben an den Mandanten vorzubereiten und ihm die rechtliche Situation zu schildern. Helfen Sie Petra.

DR. SCHMIDT · GERBER & PARTNER
RECHTSANWÄLTE
Gesellschaft bürgerlichen Rechts

Dr. Schmidt · Gerber & Partner, Postfach 1 05 66 20, 40477 Düsseldorf

Ihr Zeichen:
Ihre Nachricht vom:
Unser Zeichen:
Unsere Nachricht vom:

Name:
Telefon: 0211 30303-0
Telefax: 0211 30303-33
E-Mail: nachname@schmidt-gerber.de

Datum:

Dr. Lothar Schmidt · Achim Gerber LL.M Private Health Management – Unternehmensnachfolge Erbrecht & Vermögen
Dr. Frauke Hansen – Fachanwältin für Familienrecht · Sebastian Gerlach – Fachanwalt für Erbrecht
Dr. Sina Hopfe – Fachanwältin für Familienrecht · Dr. Martin Schweighöfer – Fachanwalt für Erbrecht · Caroline Keller
Lindenstraße 20, 40477 Düsseldorf – E-Mail: zentrale@schmidt-gerber.de – Internet: www.schmidt-gerber.de
AB Bank – IBAN DE40 3005 0000 1234 5678 91 – BIC BELADED2RGV – Steuernummer: DE111111111

Übungsaufgabe

Prüfen Sie zu den folgenden Fällen jeweils die Voraussetzungen der Verschuldenshaftung gem. § 823 BGB:

Vorgang	Voraussetzungen	trifft zu	trifft nicht zu
Johann Winkler schießt in seinem Garten mit einem Luftgewehr auf Spatzen. Ein Schuss hat versehentlich den vorbeigehenden Ulrich Roth im Bauchbereich getroffen. Der Schuss hätte ihn wahrscheinlich getötet, wäre das Projektil nicht unter der Haut an den Rippen steckengeblieben. So konnte das Geschoss in der Klinik herausoperiert werden.		❑	❑
		❑	❑
		❑	❑
		❑	❑

Folge:

Vorgang	Voraussetzungen	trifft zu	trifft nicht zu
Auf der Einweihungsfeier des neuen Einfamilienhauses der Familie Brauer erlitt Elfriede Schwarz einen Schlaganfall. Dabei fiel sie bewusstlos in sich zusammen und stieß dabei eine wertvolle Bodenvase um, die zu Bruch ging. Nachdem es Frau Schwarz zwischenzeitlich besser geht, möchte Familie Brauer den Schaden durch Elfriede Schwarz ersetzt bekommen.		❑	❑
		❑	❑
		❑	❑
		❑	❑

Folge:

LERNSITUATION 2:
VORAUSSETZUNGEN DER DELIKTSFÄHIGKEIT PRÜFEN

In der Kanzlei Dr. Schmidt, Gerber & Partner geht folgende E-Mail der Mandantin Sonja Richter ein:

Eingang Gesendet Entwürfe

An: keller@schmidt-gerber.de 07.10.20xx, 13:12 Uhr
Kopie:
Betreff: Schadensersatz?
Von: Sonja.Richter@mail.de

Hallo Frau Keller,

ich komme heute wegen einer neuen Angelegenheit auf Sie zu. Mein Sohn Leon (13 Jahre) und sein Freund Ben (12 Jahre) hatten sich vor zwei Tagen zum Spielen verabredet. Da es so schönes Wetter war, sind sie gemeinsam durch die Straßen gezogen. Ein paar Straßen weiter von uns wird gerade ein Haus gebaut. Der Kran auf der Baustelle fasziniert beide. Sie wollten nur zugucken, wie der Kranführer mit dem Kran arbeitet. Die Baustelle war jedoch verlassen und nur teilweise abgesperrt. Am Zaun hängt zwar ein Schild: „Eltern haften für ihre Kinder", aber ein Zugang zur Baustelle war ungehindert möglich. Die beiden betraten die Baustelle, kletterten ins Führerhaus des Krans und spielten an den Hebeln herum. Dadurch konnte sich ein Betonkübel am Kranarm lösen und ist auf die frisch betonierte Etagendecke gefallen. Dem Bauherrn entstand ein Schaden in Höhe von 5.500,00 €, den ich ihm nun ersetzen soll.

Mein Mann gibt mir die Schuld, da ich die Aufsichtspflicht über Leon verletzt habe. Aber Leon ist doch schon so groß, dass er mit Freunden draußen spielen darf. Wie soll ich ihn denn da beaufsichtigen? Muss ich den Schaden wirklich ersetzen?

Herzliche Grüße

Sonja Richter

Arbeitsaufträge

1. Petra Horch bekommt von Rechtsanwältin Keller den Auftrag, die rechtliche Situation zu diesem Fall zu prüfen.

2. Bereiten Sie eine Antwort-E-Mail an Sonja Richter unter Berücksichtigung Ihres Ergebnisses aus Ziffer 1 vor.

Eingang Gesendet Entwürfe

An: Sonja.Richter@mail.de
Kopie:
Betreff: Re: Schadensersatz?
Von: keller@schmidt-gerber.de

Liebe Frau Richter,

Herzliche Grüße

Caroline Keller

3. Prüfen Sie die rechtliche Situation des Falles, wenn ein fünfjähriges Kind bzw. eine 19-Jährige den Schaden verursacht hätte.

LERNSITUATION 3: UMFANG DES SCHADENSERSATZES ERMITTELN

Frau Vera Raser hat heute in der Kanzlei Dr. Schmidt, Gerber & Partner einen Besprechungstermin bei Rechtsanwalt Carsten Heiser. Dieser ist Fachanwalt für Verkehrsrecht. Frau Raser beauftragt die Kanzlei Dr. Schmidt, Gerber & Partner die Schäden, die ihr durch einen Unfall vergangenen Montag entstanden sind, gegenüber der gegnerischen Haftpflichtversicherung, der Deutschen SchadenSofort AG (DSS AG) geltend zu machen. Über das Gespräch mit der Mandantin hat RA Carsten Heiser folgende Gesprächsnotiz gefertigt:

DR. SCHMIDT · GERBER & PARTNER
RECHTSANWÄLTE
Gesellschaft bürgerlichen Rechts

Gesprächsnotiz

Gesprächspartner/in:
Frau Vera Raser

Betreff:
Verkehrsunfall Klaus Noll

<u>Unfallschilderung:</u>

Vergangenen Montag fuhr die Mandantin gegen 13:30 Uhr mit ihrem PKW Ford Mondeo V6 Ghia, 125 kW, 3 Jahre alt, amtl. Kennzeichen: D-R 285, in Düsseldorf die Königsberger Straße in Richtung Osten entlang, als vor ihr plötzlich und unerwartet ein Audi A3 Quattro bremste. Frau Raser konnte ihr Fahrzeug noch rechtzeitig zum Stehen bringen, jedoch fuhr der Fahrer (Klaus Noll) des hinter ihr fahrenden PKW BMW 530 i mit dem amtlichen Kennzeichen K-KN 146 ungebremst auf das Fahrzeug von Frau Raser auf.

Am <u>Fahrzeug</u> der Mandantin entstand folgender Schaden:

- Stoßstange hinten und Heckklappe eingedellt
- Glas der Rückleuchte hinten rechts gesprungen

Voraussichtliche Reparaturkosten gemäß Kostenvoranschlag von gestern: 2.360,00 € (netto),

Die <u>Mandantin selbst</u> erlitt ein HWS-Trauma, befindet sich in ärztlicher Behandlung und ist 3 Wochen arbeitsunfähig.

Das neue <u>Smartphone</u> von Frau Raser fiel aufgrund des Aufpralles aus der Halterung. Das Glas erlitt dadurch einen Sprung. Die Reparaturkosten werden auf 150,00 € geschätzt.

<u>Daten der Unfallbeteiligten und der KFZ-Haftpflichtversicherung:</u>

- Vera Raser, 51 Jahre, wohnhaft: Heyestraße 99, 40625 Düsseldorf
  Frau Raser ist nicht zum Vorsteuerabzug berechtigt.
  Bankverbindung: Sparbank AG Düsseldorf, IBAN: DE50 3005 0110 0000 8745 14,
  BIC: DUSSDEEDXXX
- Klaus Noll, 48 Jahre, wohnhaft: Olpener Straße 103, 51103 Köln
- DSS AG, Hansaring 95, 50670 Köln, Vers.Nr.: 19-KFZ-582496-N

Vera Raser beauftragt die Kanzlei mit der außergerichtlichen Geltendmachung des entstandenen Schadens. Die Kanzlei führt den Vorgang unter dem Aktenzeichen 02815/xx CH.

Arbeitsaufträge

1. Rechtsanwalt Heiser legt Ihnen die Gesprächsnotiz vor und bittet Sie, eine Handakte anzulegen. Ergänzen Sie das Aktenvorblatt mit den vorhandenen Informationen.

DR. SCHMIDT · GERBER & PARTNER
RECHTSANWÄLTE
Gesellschaft bürgerlichen Rechts

AKTENVORBLATT | Aktenzeichen:

In Sachen

wegen

Gegenstandswert:

angelegt am: | abgelegt am:

AUFTRAGGEBER:

Name, Vorname:

Straße:

PLZ, Wohnort:

Telefon:

E-Mail:

Vorsteuerabzugsberechtigt: ❑ ja ❑ nein

GEGNER:

Name, Vorname:

Straße:

PLZ, Wohnort:

Telefon:

E-Mail:

WEITERER GEGNER:

Name:

Straße:

PLZ, Wohnort:

Versicherungsnummer:

Schadennummer:

2. Ermitteln Sie, in welcher Höhe Vera Raser ihre Ansprüche aufgrund des Unfalles gegen Klaus Noll geltend machen kann.

Schaden	Schadenshöhe
Reparatur des Fahrzeuges	
Nutzungsausfall oder Leihwagen	
Schmerzensgeld	
Arztkosten	
Medikamente	
Verdienstausfall	
Weiterer Sachschaden	
Gutachter-Kosten	
Kostenpauschale des Geschädigten für seine Aufwendungen (Telefon-, Portokosten etc.)	
Rechtsanwaltskosten	

3. Rechtsanwalt Heiser bittet Sie, eine Übersicht zu erstellen, aus welcher ersichtlich ist, welche Dokumente von der Mandantin noch benötigt werden.

	Bei Mandantin anfordern:

4. Bitten Sie die Mandantin um Übersendung der noch notwendigen Dokumente per E-Mail.

Eingang Gesendet Entwürfe

An: Vera.Raser@mail.de
Kopie:
Betreff: Raser ./. Noll, Az.: 02815/xxCH
Von: heiser@schmidt-gerber.de

Sehr geehrte Frau Raser,

Herzliche Grüße

Carsten Heiser

Fortsetzung der Lernsituation:

Eine Woche später bringt Vera Raser die benötigten Dokumente vorbei. Das Smartphone hat sie zwischenzeitlich reparieren lassen. Ausweislich der heutigen Reparaturrechnung hat sie 146,50 € (brutto) bezahlt.

Das Fahrzeug wurde zwischenzeitlich ebenfalls repariert. Die Reparaturkosten entsprechen dem Kostenvoranschlag. Die Reparaturdauer betrug 3 Tage (Nutzungsausfall 50,00 €/täglich).

Lohnausfall entstand der Mandantin nicht, da ihr Arbeitgeber für die Zeit der Arbeitsunfähigkeit zur Lohnfortzahlung verpflichtet ist. Der Arbeitgeber verzichtet auf Geltendmachung der Lohnfortzahlung gegenüber dem Schadenverursacher.

Rechtsanwalt Heiser hält ein Schmerzensgeld in Höhe von 800,00 € für angemessen. Vera Raser ist damit einverstanden.

Fortsetzung Arbeitsaufträge

5. Rechtsanwalt Heiser bittet Petra Horch, die geltend zu machenden Schadensersatzansprüche zu ermitteln und ein entsprechendes Schreiben an die gegnerische Haftpflichtversicherung zu entwerfen. Setzen Sie eine Zahlungsfrist von zwei Wochen.

DR. SCHMIDT · GERBER & PARTNER
RECHTSANWÄLTE
Gesellschaft bürgerlichen Rechts

Dr. Schmidt · Gerber & Partner, Postfach 1 05 66 20, 40477 Düsseldorf

Ihr Zeichen:
Ihre Nachricht vom:
Unser Zeichen:
Unsere Nachricht vom:

Name:
Telefon: 0211 30303-0
Telefax: 0211 30303-33
E-Mail: nachname@schmidt-gerber.de

Datum:

Dr. Lothar Schmidt · Achim Gerber LL.M Private Health Management – Unternehmensnachfolge Erbrecht & Vermögen
Dr. Frauke Hansen – Fachanwältin für Familienrecht · Sebastian Gerlach – Fachanwalt für Erbrecht
Dr. Sina Hopfe – Fachanwältin für Familienrecht · Dr. Martin Schweighöfer – Fachanwalt für Erbrecht · Caroline Keller
Lindenstraße 20, 40477 Düsseldorf – E-Mail: zentrale@schmidt-gerber.de – Internet: www.schmidt-gerber.de
AB Bank – IBAN DE40 3005 0000 1234 5678 91 – BIC BELADED2RGV – Steuernummer: DE111111111

Fortsetzung der Lernsituation:

Die DSS AG bearbeitet den Unfallschaden unter der Schadennummer HS-17-852001. Sie erkennt die geltend gemachten Schadensersatzansprüche in voller Höhe an und überweist den hierauf entfallenen Betrag von insgesamt 3.129,90 € auf das Anderkonto der Kanzlei. Bezüglich des in Ansatz gebrachten Schmerzensgeldes lehnt die Versicherung eine Regulierung ab. Hierzu fordert die DSS AG die Übersendung eines weiteren Dokumentes an, welches von der Mandantin zu unterzeichnen ist.

Fortsetzung Arbeitsaufträge

6. Um welches Dokument handelt es sich hierbei?

7. Rechtsanwalt Heiser bittet die Auszubildende Maria Weber, stichpunktartig die Notwendigkeit des von der gegnerischen Versicherung angeforderten Dokumentes zusammenzufassen. Erledigen Sie diese Aufgabe für Maria.

Fortsetzung der Lernsituation:

Nach Unterzeichnung durch die Mandantin sendet die Kanzlei Dr. Schmidt, Gerber & Partner das Dokument an die DSS AG. Nach einer Weile liegt der DSS AG die Auskunft des behandelnden Arztes vor, sodass die DSS AG auch die Überweisung des geforderten Schmerzensgeldbetrages in Höhe von 800,00 € auf das Anderkonto der Kanzlei veranlasst. Da die gegnerische Versicherung bisher lediglich die die Mandantin betreffenden Forderungen bezahlt hat, muss die angefallene Vergütung der Kanzlei Dr. Schmidt, Gerber & Partner noch geltend gemacht werden.

Fortsetzung Arbeitsaufträge

8. Die Mandantin fragt an, wer die Kosten für die Beauftragung der Anwaltskanzlei tragen muss. Erläutern Sie Frau Raser, wer welche Kosten tragen muss.

Fortsetzung der Lernsituation:

Die Kanzlei Dr. Schmidt, Gerber & Partner veranlasst heute die Überweisung des eingegangenen Fremdgeldbetrages in Höhe von insgesamt 3.929,90 € auf das Konto der Mandantin unter Abzug der Hebegebühr zzgl. Mehrwertsteuer.

Fortsetzung Arbeitsaufträge

9. Rechtsanwalt Heiser erteilt der Auszubildenden Maria Weber die Aufgabe, der Mandantin die Rechnung für die entstandene Hebegebühr zu übersenden und den verbleibenden Guthabenbetrag an Frau Vera Raser auszubezahlen.

   a) Berechnen Sie zunächst die Höhe der Hebegebühr.

b) Berechnen Sie sodann den an die Mandantin zu überweisenden Betrag.

c) Erstellen Sie die Kostenrechnung über diese Hebegebühr an die Mandantin. Vergeben Sie dabei eine fortlaufende Rechnungsnummer. Die zuletzt vergebene Rechnungsnummer lautet: 20xx-252.

DR. SCHMIDT · GERBER & PARTNER
RECHTSANWÄLTE
Gesellschaft bürgerlichen Rechts

Dr. Schmidt · Gerber & Partner, Postfach 1 05 66 20, 40477 Düsseldorf

Ihr Zeichen:
Ihre Nachricht vom:
Unser Zeichen:
Unsere Nachricht vom:

Name:
Telefon: 0211 30303-0
Telefax: 0211 30303-33
E-Mail: nachname@schmidt-gerber.de

Datum:

d) Der Guthabensbetrag soll an die Mandantin ausbezahlt werden. Vervollständige hierzu das Online-Überweisungsformular:

ONLINE-Überweisung	
Zahlungsempfänger:	
IBAN:	
Betrag:	
Verwendungszweck:	
evtl. noch Verwendungszweck:	

e) Rechtsanwalt Heiser erteilt der Auszubildenden Maria Weber die Aufgabe, die Vergütungsrechnung für die außergerichtliche Tätigkeit zu erstellen und die an die Mandantin gerichtete Rechnung mit einem Begleitschreiben an die DSS AG zu senden. Bereiten Sie die Vergütungsrechnung sowie das Begleitschreiben an die DSS AG vor.

DR. SCHMIDT · GERBER & PARTNER
RECHTSANWÄLTE
Gesellschaft bürgerlichen Rechts

Dr. Schmidt · Gerber & Partner, Postfach 1 05 66 20, 40477 Düsseldorf

Ihr Zeichen:
Ihre Nachricht vom:
Unser Zeichen:
Unsere Nachricht vom:

Name:
Telefon: 0211 30303-0
Telefax: 0211 30303-33
E-Mail: nachname@schmidt-gerber.de

Datum:

Dr. Lothar Schmidt · Achim Gerber LL.M Private Health Management – Unternehmensnachfolge Erbrecht & Vermögen
Dr. Frauke Hansen – Fachanwältin für Familienrecht · Sebastian Gerlach – Fachanwalt für Erbrecht
Dr. Sina Hopfe – Fachanwältin für Familienrecht · Dr. Martin Schweighöfer – Fachanwalt für Erbrecht · Caroline Keller
Lindenstraße 20, 40477 Düsseldorf – E-Mail: zentrale@schmidt-gerber.de – Internet: www.schmidt-gerber.de
AB Bank – IBAN DE40 3005 0000 1234 5678 91 – BIC BELADED2RGV – Steuernummer: DE111111111

DR. SCHMIDT · GERBER & PARTNER
RECHTSANWÄLTE
Gesellschaft bürgerlichen Rechts

Dr. Schmidt · Gerber & Partner, Postfach 1 05 66 20, 40477 Düsseldorf

Ihr Zeichen:
Ihre Nachricht vom:
Unser Zeichen:
Unsere Nachricht vom:

Name:
Telefon: 0211 30303-0
Telefax: 0211 30303-33
E-Mail: nachname@schmidt-gerber.de

Datum:

Dr. Lothar Schmidt · Achim Gerber LL.M Private Health Management – Unternehmensnachfolge Erbrecht & Vermögen
Dr. Frauke Hansen – Fachanwältin für Familienrecht · Sebastian Gerlach – Fachanwalt für Erbrecht
Dr. Sina Hopfe – Fachanwältin für Familienrecht · Dr. Martin Schweighöfer – Fachanwalt für Erbrecht · Caroline Keller
Lindenstraße 20, 40477 Düsseldorf – E-Mail: zentrale@schmidt-gerber.de – Internet: www.schmidt-gerber.de
AB Bank – IBAN DE40 3005 0000 1234 5678 91 – BIC BELADED2RGV – Steuernummer: DE111111111

LERNSITUATION 4: *GEFÄHRDUNGSHAFTUNG DARSTELLEN*

Nach Vereinbarung eines Besprechungstermins kommt heute Willi Bauer in die Kanzlei Dr. Schmidt, Gerber & Partner. Rechtsanwältin Caroline Keller lässt sich von dem Mandanten den Sachverhalt schildern; er erzählt:

„Am Dienstag kam ich zur üblichen Zeit gegen 11:20 Uhr zu dem Gelände des Kleintierzuchtvereins, Auerhahnweg 1 in Düsseldorf. Dort hörte ich schon von Weitem lautes Gegacker und Gekreische. Als ich beim Hühnergehege ankam, erblickte ich in dem Gehege aufgeregte Hühner sowie einen Schäferhund, der sie aufschreckte. Der Schäferhund hat wohl ein tiefes Loch unter dem Zaun gegraben und ist auf diesem Weg in das Gehege gelangt. Drei meiner Hühner, die in der kürzlich stattgefundenen Tierschau preisgekrönt wurden, erlitten einen Herzinfarkt. Die anderen Hühner erlitten einen Schock, haben sich zwischenzeitlich jedoch wieder erholen können. Mir ist nun ein Schaden in Höhe von 600,00 € entstanden, den ich von dem Hundehalter – den ich aufgrund einer an dem Halsband angebrachten Adresse ermittelt habe – ersetzt bekommen möchte.

Den Hundehalter (Oskar Schwarz) habe ich bereits mündlich zur Zahlung aufgefordert, als ich ihm seinen Schäferhund zurückgebracht habe. Dieser meinte, dass er nicht zahlen werde, weil sein Schäferhund Bruno (8 Monate) lediglich dadurch entkommen konnte, dass er aufgrund einer Gasexplosion in einem nahegelegenen Einfamilienhaus der Familie Käfer erschrocken ist und deswegen ausgebüxt ist. Er, der Hundehalter, habe seinen Hund bislang nie anleinen müssen, da Bruno wohlerzogen sei und auf das Kommando „Fuß“ immer gehört habe.“

Herr Bauer sieht das anders als Oskar Schwarz und möchte nun wissen, von wem er den ihm entstandenen Schaden ersetzt bekommt.

Daten der Beteiligten:

Willi Bauer, Bachstelzenweg 5, 40468 Düsseldorf

Oskar Schwarz, Asternweg 12, 40468 Düsseldorf

Die Akte wird in der Kanzlei Dr. Schmidt, Gerber & Partner unter dem Aktenzeichen 02528/XX CK geführt.

Arbeitsaufträge

1. Rechtsanwältin Keller bittet Sie zunächst zu prüfen, ob Oskar Schwarz für den entstandenen Schaden aufkommen muss. Nehmen Sie hierzu den § 833 BGB zur Hilfe.
2. Sollten Sie zu dem Ergebnis gelangt sein, dass Oskar Schwarz haftet, entwerfen Sie eine Zahlungsaufforderung an die Gegenseite.

DR. SCHMIDT · GERBER & PARTNER
RECHTSANWÄLTE
Gesellschaft bürgerlichen Rechts

Dr. Schmidt · Gerber & Partner, Postfach 1 05 66 20, 40477 Düsseldorf

Ihr Zeichen:
Ihre Nachricht vom:
Unser Zeichen:
Unsere Nachricht vom:

Name:
Telefon: 0211 30303-0
Telefax: 0211 30303-33
E-Mail: nachname@schmidt-gerber.de

Datum:

Dr. Lothar Schmidt · Achim Gerber LL.M Private Health Management – Unternehmensnachfolge Erbrecht & Vermögen
Dr. Frauke Hansen – Fachanwältin für Familienrecht · Sebastian Gerlach – Fachanwalt für Erbrecht
Dr. Sina Hopfe – Fachanwältin für Familienrecht · Dr. Martin Schweighöfer – Fachanwalt für Erbrecht · Caroline Keller
Lindenstraße 20, 40477 Düsseldorf – E-Mail: zentrale@schmidt-gerber.de – Internet: www.schmidt-gerber.de
AB Bank – IBAN DE40 3005 0000 1234 5678 91 – BIC BELADED2RGV – Steuernummer: DE111111111

LERNSITUATION 5:
UNGERECHTFERTIGTE BEREICHERUNG

Die Auszubildenden der Kanzlei Dr. Schmidt, Gerber & Partner, Petra Horch und Ahmet Ince, verbringen ihre Mittagspause gemeinsam im angrenzenden Park. Petra erzählt Ahmet, dass sie gestern ihre Kontoauszüge kontrolliert habe und dabei habe sie festgestellt, dass die Stadt Düsseldorf ihr 500,00 € überwiesen hat. Sie hätte einen Fortbildungslehrgang für Auszubildende der Stadt abgehalten. Zwar hat sie diese Fortbildung nie gemacht und es muss bei der Überweisung ein Fehler passiert sein, aber sie freut sich sehr über diesen unerwarteten Geldzuwachs und will gleich heute Abend nach Feierabend eine Shoppingtour starten.

Ahmet ist der Meinung, dass Petra das Geld nicht behalten darf und die Stadt Düsseldorf es wieder zurück verlangen kann. Petra entgegnet ihm: „Ich kann doch nichts dafür, dass die Stadt da einen Fehler gemacht hat und wenn ich das Geld ausgegeben habe, können die es von mir nicht mehr zurück verlangen."

Wieder zurück in der Kanzlei fragen die beiden ihre Ausbilderin Kirsten John, wie die Rechtslage sei. Frau John hatte für morgen eine innerbetriebliche Fortbildung zum Thema „Gesetzliche Schuldverhältnisse" geplant und sie bittet ihre zwei Auszubildenden, sich auf dieses Thema vorzubereiten, indem sie sich mit den §§ 812 ff. BGB auseinandersetzen und sich in ihrem Informationsband im Lernfeld 4, Kapitel 1.3.1 über die ungerechtfertigte Bereicherung informieren.

Arbeitsaufträge

1. Lösen Sie zur Vorbereitung auf die innerbetriebliche Schulung selbstständig nachfolgende Fälle und begründen Sie, ob eine ungerechtfertigte Bereicherung vorliegt. Weitere Informationen finden Sie in Ihrem Informationsbuch Lernfeld 4, Kapitel 1.3.1, in den §§ 812 ff. BGB und in der Übersicht (Anlage 1).

   Bei der Bearbeitung der Fälle achten Sie bitte darauf, dass in der Lösung Tatbestand und Rechtsfolge angegeben werden. Nehmen Sie dazu das Schema aus Anlage 2 zur Hilfe.

   Fall 1

   Oliver Marx hat versehentlich die Rechnung für den neuen Fernseher über 599,00 € an die Fa. Mühlbrecht doppelt überwiesen. Mit welcher Begründung kann er das Geld zurückfordern?

Fall 2

Klaus-Dieter hat nun endlich seinen Führerschein und kauft sich sein erstes Auto bei einem Gebrauchtwagenhändler für 6.800,00 €. Der Händler sichert ihm zu, dass der Wagen unfallfrei ist. Kurze Zeit später stellt sich heraus, dass der Wagen einen Unfall hatte. Klaus-Dieter ficht den Kaufvertrag wegen arglistiger Täuschung an, und möchte sein Geld zurück haben. Muss der Verkäufer die 6.800,00 € herausgeben? (Siehe auch §§ 123, 142 BGB.)

Fall 3

Melissa ist seit fünf Jahren mit Tobias zusammen. Letztes Jahr haben die beiden sich verlobt und wollen im Sommer heiraten. Für die Hochzeit auszurichten erhält Melissa von ihren zukünftigen Schwiegereltern 7.000,00 €. Kurz vor der Hochzeit überlegt es sich Melissa anders und trennt sich von Tobias. Die Hochzeit muss abgesagt werden. Verärgert verlangen die Eltern von Tobias die 7.000,00 € zurück. Wie ist die Rechtslage?

Fall 4

Eugen Wirth gibt seine Steuererklärung bei seinem Finanzamt ab. Er „schenkt" dem Finanzbeamten Georg Bestechlich 300,00 €, in der Hoffnung, dass Herr Bestechlich die Steuererklärung zugunsten von Eugen Wirth bearbeitet. Als Herr Wirth die Steuererklärung zurückbekommt, stellt er fest, dass Herr Bestechlich nicht zu seinen Gunsten gearbeitet hat. Er verlangt umgehend die 300,00 € von ihm zurück.

Fall 5

Susanne hatte Katrin aus der Parallelklasse zur Klassenarbeit ihren Taschenrechner geliehen. Da Katrin dringend etwas Geld benötigte, verkaufte sie den Rechner für 5,00 € an Ilona. Susanne ist wütend und fordert von Katrin den Rechner zurück. Ilona will den Rechner nicht herausgeben, „gekauft ist gekauft", sie hätte nicht gewusst, dass der Rechner Katrin nicht gehört.

a) Wie ist die Rechtslage? Beachten Sie dabei § 932 BGB!

b) Wie wäre der Fall, wenn Katrin den Rechner an Ilona verschenkt hätte?

____

____

____

____

____

Fall 6

Bei der Gehaltsabrechnung unterläuft der Personalsachbearbeiterin ein Fehler. Die Angestellte Lena Huter erhält versehentlich 250,00 € zu viel Gehalt. Lena hofft, dass ihr Arbeitgeber es nicht bemerkt. Zwei Monate später fordert ihr Arbeitgeber das Geld zurück. Lena argumentiert, dass sie das Geld bereits ausgegeben hat und verweist auf § 818 III BGB. Wer hat Recht?

____

____

____

____

____

____

____

2. **Anlage 2**

Jeder Paragraf ist folgendermaßen aufgebaut:

Tatbestand → **Rechtsfolge**

Wenn Sie in den folgenden Texten die jeweiligen Namen etc. aus den Fällen einsetzen, kommen Sie zur Lösung.

____________ (wer?) erlangt ____________ (was?) auf Kosten von ____________ (wem?), ohne dass ein rechtlicher Grund vorliegt ____________ (welcher fehlt?).	} **Tatbestand**
Damit liegt ungerechtfertigte Bereicherung vor, ____________ (wer?) hat einen Herausgabeanspruch?	→ **Rechtsfolge**

Anlage 1

Ungerechtfertigte Bereicherung

§ 812 ff. BGB

Wer durch die Leistung eines anderen oder in sonstiger Weise auf dessen Kosten etwas ohne rechtlichen Grund erlangt, ist ihm zur Herausgabe verpflichtet.

→ ein ungerechtfertigter Vermögenszuwachs soll wieder rückgängig gemacht werden, da kein rechtlicher Grund für diesen Vermögenszuwachs vorliegt.

→ Derjenige, der sich ohne rechtlichen Grund bereichert hat, soll zur Herausgabe gezwungen werden.

Der Herausgabeanspruch besteht

wenn ein Rechtsgrund fehlt § 812 Abs. 1 BGB	wenn der Rechtsgrund später wegfällt § 812 Abs. 1 BGB	wenn jemand sich bereichert, indem er gegen das Gesetz oder die guten Sitten verstößt § 817 Abs. 1 BGB	wenn der bezweckte Erfolg doch nicht eintritt § 812 Abs. 1 BGB	wenn ein Nichtberechtigter über das Rechtsgut eines anderen ohne dessen Zustimmung verfügt § 816 BGB

Herausgegeben werden muss:

- der Gegenstand, der ungerechtfertigt erlangt wurde oder
- ein Ersatzstück,
- der tatsächlich gezogene Nutzen, § 118 Abs. 1 und 2 BGB, z.B. Geldersatz

LERNSITUATION 6:
DIE REGELN DER VERJÄHRUNG ANWENDEN

Am 12.12. 20xx geht in der Kanzlei Dr. Schmidt, Gerber & Partner eine Mail von der Technik GmbH ein. Der Geschäftsführer der Technik GmbH, Herr Trautmann, ist ziemlich ratlos und bittet um rechtlichen Rat, ob er in der Angelegenheit noch etwas unternehmen kann, damit er zu seinem Geld kommt.

Eingang Gesendet Entwürfe

An: keller@schmidt-gerber.de
Kopie:
Betreff:
Von: Trautmann@technik-gmbh.de

Sehr geehrte Frau RAin Keller

wir, die Technik GmbH lieferten der Maschinenfabrik Bunt GmbH am 18. Juni 2014 eine computergesteuerte Universalmaschine zum Rechnungspreis von 45.100,00 €.

Laut Kaufvertrag sollte die Zahlung bis spätestens 18. September 2014. erfolgen. Durch einen Fehler in der Buchhaltung der Technik GmbH entdeckten wir erst gestern, am 11.12.2017, dass die Rechnung noch nicht bezahlt ist.

Unser zuständiger Buchhalter, Herr Fuchs, telefonierte sofort mit der Bunt GmbH, mit der Bitte um **sofortigen** Rechnungsausgleich. Der Geschäftsführer der Bunt GmbH, Max Frech, beendet das Telefongespräch mit den Worten:

„Wir sind nicht mehr verpflichtet, diesen Rechnungsausgleich vorzunehmen.“

Wir sind nun ziemlich ratlos und bitten Sie um Ihren Rat.

Mit freundlichen Grüßen

Martin Trautmann
Geschäftsführung
Technik GmbH

RAin Caroline Keller bittet Sie, sich der Sache anzunehmen und ihr bis heute Nachmittag eine Lösung des Problems in Form einer E-Mail (Vorschlag) an Herrn Trautmann zur Kontrolle vorzulegen.

Arbeitsaufträge

1. Damit Sie sich einen Überblick über das Wesen der Verjährung verschaffen, bearbeiten Sie bitte folgende Übersicht. Lesen Sie dazu die §§ 195, 199 und 214 BGB.

Die Verjährung

Was bedeutet Verjährung?

____

____

____

____

____

© bofotolux – stock.adobe.com

Dauer der regelmäßigen Verjährungsfrist:

____

Beginn der Verjährungsfrist:

____

Ende der Verjährungsfrist:

____

Merke:

Nach Ende der Verjährungsfrist (Zeitablauf):

____

____

Fazit für die Technik GmbH:

____

____

Mängel an Bauwerken verjähren nach 5 Jahren.

2. Um für die Zukunft schneller solche Anfragen bearbeiten zu können und eine Übersicht über die Verjährungsfristen zu haben, ergänzen Sie bitte die folgende Übersicht.

Die Verjährungsfristen, § 194 ff. BGB

Innerhalb welcher Zeit verjähren Rechtsansprüche?

§ 214 BGB Wirkung der Verjährung:

3 Jahre → Beginn: → Betrifft die meisten Ansprüche

2 Jahre →

10 Jahre →

30 Jahre →

3. Welche Möglichkeiten bestehen für die Technik GmbH, die Verjährung zu verhindern? Lesen Sie dazu §§ 203 ff. und § 212 BGB.

Wie kann eine Verjährung verhindert werden?

Unter bestimmten Voraussetzungen wird der Zeitpunkt der Verjährung verschoben.

gem. § 203 ff. BGB ____________________

Bedeutung:

____

____

____

____

Bedeutung:

____

____

____

Hemmungsgründe:
§ 204 BGB, z. B.

- ____________________
- ____________________
- ____________________

Unterbrechungsgründe:

____

____

____

Wirkung der Hemmung und des Neubeginns

	Fälligkeit des Anspruchs	Beginn Verjährung	Ende Verjährung	
Datum	______	______	______	
Regelmäßige Verjährungsfrist		**3 Jahre**		
Beispiel zur Hemmung **Pause + Verlängerung**				
Beispiel zum Neubeginn **Abbruch + Neubeginn**		**z.B.**		**Ende:**

4. Schreiben Sie eine E-Mail an Herrn Trautmann, in der Ihre Kanzlei ihm Möglichkeiten aufweist, wie er weiter vorgehen sollte.

Eingang Gesendet Entwürfe

An: Trautmann@technik-gmbh.de
Kopie:
Betreff: Büromöbel
Von: nachname@schmidt-gerber.de

Sehr geehrter Herr Trautmann,

LERNSITUATION 7:
GELTENDMACHUNG EINES ANSPRUCHS

Herr Klug, Komplementär der Tauber KG, hat heute Morgen einen Termin mit RAin Teske. Frau Teske bittet den Auszubildenden Ahmet bei der Besprechung mit anwesend zu sein und ein Protokoll anzufertigen (Anlage 1).

Nach der Besprechung bittet RAin Teske Ahmet, dass er prüfen soll, ob ein Anspruch besteht und wie er geltend gemacht werden kann. Zur Überprüfung des Anspruchs soll Ahmet Bezug auf das Gesprächsprotokoll (Anlage 1) und die Rechnung (Anlage 2) nehmen.

Arbeitsaufträge

1. Um einen Anspruch zu prüfen, ist es sinnvoll, eine Checkliste als Prüfschema zu erstellen. Vervollständigen Sie dazu die nachfolgende Tabelle als Checkliste. Nehmen Sie Ihren Informationsband 1, Lernfeld 4, Kapitel 1.5 „Möglichkeiten zur Geltendmachung eines Anspruchs“ zur Hilfe.

Wer will was von wem?	Ist der Anspruch gerechtfertigt?	
	Ja	Nein
	❑	❑
	❑	❑
	❑	❑
	❑	❑
	❑	❑
	❑	❑
	❑	❑

2. RAin Teske hat verschiedene Möglichkeiten, den Anspruch für ihren Mandanten durchzusetzen. Frau Teske bittet Ahmed, er soll herausfinden, was für den Mandanten am sinnvollsten wäre. Vergleichen Sie dazu die verschiedenen Möglichkeiten anhand einer Tabelle.

	Außergerichtliches Mahnverfahren (anwaltliches Aufforderungsschreiben)	Gerichtliches Mahnverfahren (Mahnbescheid)	Klageverfahren
Vorteile			
Nachteile			
Sinnvoll, wenn …			

3. Ahmet soll RAin Teske einen Vorschlag mit Begründung machen, welche Vorgehensweise im Fall Tauber KG ./. Müller GmbH sinnvoll wäre.

Anlage 1

DR. SCHMIDT · GERBER & PARTNER
RECHTSANWÄLTE
Gesellschaft bürgerlichen Rechts

Besprechungsprotokoll

Thema der Besprechung: Kaufpreisforderung

Tauber KG, vertreten durch Walter Klug, will Anspruch gegen Müller GmbH geltend machen aus Kaufpreisforderung
Tauber KG ./. Müller GmbH

Datum:	*10.05.2017*
Zeit	*11:30 – 12:30 Uhr*
Ort:	*Büro Rechtsanwältin Teske*
Protokollführer:	*Auszubildender Ahmet Ince*
Anwesende:	*Herr Walter Klug, Komplementär der Tauber GmbH, RAin Teske, Auszubildender Ahmet Ince*

TOP

Aufnahme der persönlichen Daten des Mandanten	*Walter Klug, Komplementär der Tauber KG* *Tauber KG* *Office-World* *Talstraße 144* *40217 Düsseldorf* *Komplementär: Walter Klug* *Kommanditist: Georg Appel*
Besprechung	*Herr Klug legt die Rechnung vor, die am 10.03.20xx mit der Lieferung der Müller GmbH zugegangen ist. Kaufpreisforderung über 3.498,60 €, fällig innerhalb 30 Tagen ab Rechnungszugang. Fa. Müller GmbH wurde von der Tauber KG mehrfach angemahnt, keine Reaktion vonseiten der Müller GmbH. Letzte Mahnung kam zurück mit Vermerk „Empfänger unbekannt verzogen"*
Ergebnis	*Vollmacht für Tätigwerden wurde von Herrn Klug unterzeichnet.*

Anlage 2

Tauber KG
OfficeWorld

Tauber KG OfficeWorld, Talstraße 144, 40217 Düsseldorf

Fa.
Müller GmbH
Herrn Georg Norman
Neusser Straße 67
50733 Köln

Ihre Ansprechpartnerin: Beate Vogt
Abteilung: Verkauf
Re-Nr. 2015/12
Telefon: 0221 894-13
Telefax: 0221 894-20
E-Mail: vogt@tauberkg-officeworld.de
Internet: www.tauberkg-officeworld.de

Datum: 10.03.20xx

Rechnung

Sehr geehrter Herr Norman,

wir berechnen für unsere Lieferung vom 10.03.20xx

Artikel-Nr.	Menge	Bezeichnung	Einzelpreis €	Gesamtpreis €
A-1501100	15	Bürostuhl – Standard	184,00	2.760,00
			Warenwert	2.760,00
			+ Frachtkosten	120,00
			+ Verpackung	60,00
				2.940,00
			19 % USt.	558,60
			Rechnungsbetrag	**3.498,60**

Bitte überweisen Sie den Betrag innerhalb von 30 Tagen ab Rechnungsdatum rein netto.

Freundliche Grüße

Tauber KG
OfficeWorld

Beate Vogt

i. A. Beate Vogt

Geschäftsräume
Talstr. 144
40217 Düsseldorf

E-Mail
info@tauberkg-officeworld.com
Internet
www.tauberkg-officeworld.com

Bankverbindung
Düsseldorfer Bank

IBAN: DE40 3609 0054 3777 8881 00
SWIFT-BIC: BELADED2RGV

Komplementär: Walter Klug, Kommanditist: Georg Appel,
Geschäftsführung: Walter Klug
Handelsregister A 56888 beim Amtsgericht Düsseldorf

LERNSITUATION 8:
PARTEI- UND PROZESSFÄHIGKEIT BESTIMMEN

Rechtsanwalt Dr. Jan Klein aus der Kanzlei Dr. Schmidt, Gerber & Partner bittet die Auszubildende Petra Horch um Hilfe. Bei ihm stapeln sich die Akten auf dem Schreibtisch. Verschiedene Klagen sollen eingereicht werden. Bevor eine Klage eingereicht werden kann, muss festgestellt werden, wer die Vertretung vor Gericht übernimmt bzw. wer klagt oder verklagt werden kann. Dafür muss die Partei- und die Prozessfähigkeit geprüft werden. Dr. Klein bittet Petra, bei den einzelnen Akten festzustellen, wer in den jeweiligen Fällen partei- bzw. prozessfähig ist. Damit Petra die Akten bearbeiten kann, stellt ihr RA Klein eine Übersicht zur Verfügung, die sie zuerst vervollständigen soll, um besser zwischen Partei- und Prozessfähigkeit unterscheiden zu können.

Arbeitsaufträge

1. Die Partei- und Prozessfähigkeit steht in engem Zusammenhang mit der Rechts- und Geschäftsfähigkeit. Vervollständigen Sie für den besseren Überblick, die nachfolgende Übersicht.

Rechtsfähigkeit, § 1 BGB	Geschäftsfähigkeit, § 104 ff. BGB
= Fähigkeit …	= Fähigkeit …

Parteifähigkeit, § 50 I ZPO	Prozessfähigkeit § 51 ZPO
= Fähigkeit …	= Fähigkeit …
↓	↓

Parteifähigkeit, § 50 I ZPO	Prozessfähigkeit § 52 ZPO
Natürliche Personen: Beginn: __________ Ende: __________ **Personengesellschaften** (z. B. KG, OHG, PG, GbR lt. Gerichtsurteil) Beginn: __________ Ende: __________ **Juristische Personen des Privatrechts** (z. B. AG, GmbH, e.V.) Beginn: __________ Ende: __________	**Natürliche Personen:** **Beschränkt Geschäftsfähige im Rahmen der Ermächtigung:** • in einem Arbeitsverhältnis • bei Führung eines Erwerbsbetriebes • in Ehesachen • bei Anfechtung der Vaterschaft. **Nicht prozessfähig sind** (hier handelt der gesetzliche Vertreter): • **Personen unter 18 Jahre:** Vertretung: __________ • **Dauernd Geisteskranke:** Vertretung: __________ • **OHG:** Vertretung: __________ • **KG:** Vertretung: __________ • **Partnerschaftsgesellschaft:** Vertretung: __________ • **GmbH:** Vertretung: __________ • **AG:** Vertretung: __________ • **e.V.:** Vertretung: __________

2. Bearbeiten Sie die folgenden Akten und stellen Sie fest, wer partei- und prozessfähig ist. Begründen Sie jeweils Ihre Antwort.

Akte 1

Mandant: Firma Hellmann KG, Essen

DR. SCHMIDT · GERBER & PARTNER
RECHTSANWÄLTE
Gesellschaft bürgerlichen Rechts

Notizen		
Für: RA Dr. Jan Klein	**Von:** Herr Hellmann	**Datum:** 26.09.20xx:
Firma Hellmann KG verkauft Solaranlagen. Beim Kunden Magbert wurde auf dessen Dach für 5.789,00 € einer Solaranlage montiert. Obwohl die Hellmann KG Herrn Magbert schon mehrfach angemahnt hat, wurde die Rechnung nicht bezahlt. Herr Hellmann möchte nun diese Summe einklagen.		

*Liebe Frau Horch,
bitte überprüfen Sie anhand des beiliegenden Handelsregisterauszugs (Anlage 1), ob die Hellmann KG partei- und prozessfähig ist. Und schauen Sie auch gleich nach, wer die Hellmann KG in einem Prozess vertreten kann.*

Akte 2

Mandantin: Melina Schremp

DR. SCHMIDT · GERBER & PARTNER
RECHTSANWÄLTE
Gesellschaft bürgerlichen Rechts

Notizen		
Für:	**Von:** Melina Schremp	**Datum:**
Melina Schremp, 12 Jahre alt, Erbin eines Mehrfamilienhauses in Köln. Mieter, Herr Hausmann, hat die Wohnungstür zu seiner Wohnung gewaltsam geöffnet und beschädigt. Schadensersatzforderung seitens unserer Mandantin über 1.358,00 € soll gerichtlich geltend gemacht werden.		

Bitte prüfen, ob Mandantin partei- und prozessfähig ist bzw. wer evtl. die Vertretung übernehmen kann.

Akte 3

Mandant: Claudio Murati

DR. SCHMIDT · GERBER & PARTNER
RECHTSANWÄLTE
Gesellschaft bürgerlichen Rechts

Notizen		
Für:	**Von:** Herr Murati	**Datum:**
Herr Murati, 17 Jahre alt, führt seit einem Jahr die Firma seines Vaters, da dieser erkrankt ist und er die Führung des Geschäftes seinem Sohn übertragen hat. Genehmigung zur Führung des Unternehmens, Murati Handelswaren e.K., vonseiten des Familiengerichts liegt vor. Herr Murati möchte uns beauftragen, verschiedene Kunden, die in Zahlungsverzug sind, zu verklagen.		

Bitte prüfen, ob Mandant partei- und prozessfähig ist.

Akte 4

Mandant: Herr Seibold

DR. SCHMIDT · GERBER & PARTNER
RECHTSANWÄLTE
Gesellschaft bürgerlichen Rechts

Notizen		
Für:	**Von:** Herr Seibold	**Datum:**
Herr Seibold, Geschäftsführer der Fortuna GmbH, Maschinenbau, hat Geldforderung an Tretter AG und möchte diese verklagen.		

Bitte prüfen, ob GmbH und AG partei- und prozessfähig sind bzw. wer als Vertreter infrage kommt.

3. Bei der Bearbeitung der Akten liest Petra immer wieder die Begriffe „Postulationsfähigkeit", „Partei- und Anwaltsprozess". Erläutern Sie kurz diese Begriffe.

   Postulationsfähigkeit:

   ____

   ____

Parteiprozess:

Anwaltsprozess:

Anlage 1

Elektronisches Handelsregister

Handelsregister A des Amtsgericht Essen	Abteilung A Wiedergabe des aktuellen Registerinhalts Abruf vom 27.09.20xx, 12:35 Uhr	Nummer der Firma HRA 8976
–Ausdruck–	Seite 1 von 1	

1. Anzahl der bisherigen Eintragungen
   4

2. a) Firma
      Hellmann KG
   b) Sitz, Niederlassung, Zweigniederlassungen
      Essen

3. a) Allgemeine Vertretungsregelung
      - - - - - -
   b) Inhaber, persönlich haftende Gesellschafter, Geschäftsführer, Vorstand (...):
      Persönlich haftender Gesellschafter (Komplementär)
      Joachim Hellmann, Essen, *02.11.1961,
      Patrick Leufgen, Bonn, 28.12.1956

4. Prokura:
   Gesamtprokura für: Magdalena Schuh, Essen, *06.02.1970
   Wolfgang Lohfink, Düsseldorf, *11.09.197

5. a) Rechtsform, Beginn und Satzung:
      Kommanditgesellschaft; Beginn: 01.01.2001
   b) sonstige Rechtsverhältnisse
      - - - - - - - - - -
   c) Kommanditisten:
      Eberhard Hartmann, Essen, *18.11.1952, Einlage: 25.000 €
      Hendrik Klass, Bochum, *15.06.1965, Einlage: 57.000 €

6. Tag der letzten Eintragung:
   07.05.2012

LERNSITUATION EXKURS: *FRISTEN BERECHNEN*

Die Auszubildende Petra Horch ist für die nächsten Wochen dem Referat von Rechtsanwältin Caroline Keller zugeteilt. Frau Keller beauftragt Petra in dieser Zeit anfallende Termine im Fristenkalender zu notieren. Damit Petra keinen Fehler bei der Berechnung der Fristen macht, bittet Frau Keller sie, für die kanzleiinterne Schulung die Fristen in den vorgelegten Akten mithilfe der ZPO, des Lehrbuchs und des Informationsmaterials (Anlage 1–3) zu berechnen und am Nachmittag bei der Schulung zu präsentieren.

Arbeitsaufträge

1. Berechnen Sie in den unten aufgeführten Akten mithilfe der §§ 187–189 BGB und den entsprechenden Paragrafen aus der ZPO (u. a. §§ 221 und 222) die Dauer der Frist und das Ende der Frist mit Datum lt. Kalender (Anlage 2). Uhrzeit nicht vergessen!

   Beachten Sie bei der Berechnung die Schrittfolge:

   - Wie lange dauert die Frist?
   - Wann endet die Frist (Datum lt. Kalender, Uhrzeit)?
   - Begründung

Auszug Akte 1

Wolfgang Keller, Tübingen, klagt gegen Franz Richter, Heilbronn, auf Zahlung von 3.800,00 € aus Kaufvertrag. Nachdem bereits im ersten Termin am 28.09. verhandelt wurde, wird für Freitag, den 27.10., der zweite Termin festgelegt. Bis wann muss den Parteien die Ladung zu dieser zweiten Verhandlung zugestellt werden?

Auszug Akte 2

Wann kann frühestens ein Termin stattfinden, wenn Herrn Schulz die Klageschrift am 11.10. zugestellt wird?

Auszug Akte 3

Ein Mahnbescheid wird Herrn Säumig am 15.03. zugestellt.
Bis wann kann vom Antragsteller Schnell ein Vollstreckungsbescheid beantragt werden?

§ 701 ZPO (Wegfall der Wirkung des Mahnbescheids)
(1) Ist Widerspruch nicht erhoben und beantragt der Antragsteller den Erlass des Vollstreckungsbescheids nicht binnen einer sechsmonatigen Frist, die mit der Zustellung des Mahnbescheids beginnt, so fällt die Wirkung des Mahnbescheids weg.

Auszug Akte 4

Vom Amtsgericht Nürtingen wird dem Beklagten Fritz Reblaus ein Versäumnisurteil am Montag, dem 15.03., zugestellt. Wann läuft die Einspruchsfrist ab? (§§ 338, 339 ZPO)

Auszug Akte 5

Das Berufungsurteil des OLG Stuttgart wegen Rückzahlung eines Darlehens in Höhe von 500.000,00 € wurde dem Berufungsbeklagten am 31.01. zugestellt.
Wann läuft die Revisionsfrist ab?

Auszug Akte 6

Das vollständige Urteil wird beiden Parteien am 13.07. zugestellt.
Der Beklagte Gaus ist mit dem Urteil nicht einverstanden und beauftragt unsere Kanzlei Berufung einzulegen. Bis wann muss spätestens Berufung eingelegt werden?

____

____

Auszug Akte 7

Das Amtsgericht Ludwigsburg gibt einer Klage am 12.09. statt. Das Urteil wird beiden Parteien am 25.10. in vollständiger Form zugestellt. Bis wann muss die Berufung begründet werden?

____

____

Auszug Akte 8

Corinna Schreiber ist am 27.04.1988 um 3:19 Uhr geboren.

Sie wird	**Datum und Uhrzeit**
rechtsfähig am:	
beschränkt geschäftsfähig am:	
parteifähig am:	
geschäftsfähig am:	
prozessfähig am:	

Anlage 1

Fristen

= Zeiträume, in denen eine bestimmte Prozesshandlung vorgenommen werden muss. Gesetzliche und richterliche Fristen beginnen grundsätzlich mit der Zustellung (§ 221 ZPO) zu laufen.

Ist eine Zustellung nicht vorgesehen, beginnt die Frist mit Verkündung der Entscheidung zu laufen.

Richterliche Frist = Dauer bestimmt Richter

- Klageerwiderung, § 277 I ZPO
- Stellungnahme auf eine Klage, § 277 IV
- Prozessvollmacht, § 89 ZPO

Gesetzliche Frist = Dauer bestimmt Gesetz

Notfristen, § 224 I ZPO

- Berufung, §§ 517
- Revision, §§ 548
- Einspruch, § 338
- Rechtsbeschwerde

Keine Verlängerung oder Verkürzung

Sonstige
Rechtsmittelbegründungsfrist

Auf Antrag Verlängerung der Berufungs- und Revisionsbegründungsfrist

Auf Antrag Verkürzung der Einlassungs- und Ladungsfrist

Notfristen

- sind nur diejenigen Fristen, die im Gesetz als Notfrist bezeichnet werden vgl. § 224 I ZPO.
- sind als gesetzliche Fristen von besonderer Bedeutung, da sie weder verkürzt noch verlängert werden können.
- bewirken, dass die Partei, welche die Notfrist versäumt, dadurch in „Not" kommt.

Einlassungsfrist

= Frist zwischen Zustellung der Klageschrift und dem ersten Termin zur mündlichen Verhandlung gem. **§ 274 ZPO = 2 Wochen,** kann auf begründeten Antrag abgekürzt werden (§ 226 I ZPO).

Im Berufungs- oder Revisionsverfahren umfasst die Frist den Zeitraum zwischen der Bekanntmachung des Termins und der mündlichen Verhandlung (§§ 523 II, 553 II ZPO).

Ladungsfrist, § 217 ZPO

= Frist, die während des Prozesses zwischen der Zustellung der Ladung und dem Tag des Termins liegen soll.
Im Anwaltsprozess mindestens **1 Woche.**
In anderen Prozessen mindestens drei Tage; kann auf begründeten Antrag abgekürzt werden, **§ 226 I ZPO.**

Beachte:

Nur bundesweite Feiertage sind maßgeblich dafür, dass eine Frist erst am nächsten Werktag endet.
Beispiel: Der 1. Mai ist ein bundesweiter Feiertag → Fristende ist dann nicht der 1. Mai, sondern der 2. Mai.
Der 6. Januar ist nicht in jedem Bundesland ein Feiertag → am 6. Januar kann also die Frist enden.

Wird eine Frist ohne Verschulden versäumt, so kann ein Antrag auf Wiedereinsetzung in den vorigen Stand gestellt werden, d. h., die säumige Partei wird so gestellt, als ob die Frist nicht versäumt wurde.

Anlage 2

Die wichtigsten gesetzlichen Fristen im Zivilprozess

ZPO	Frist für	Dauer	Fristbeginn mit
§ 104/§ 569	**Sofortige Beschwerde gegen den Kostenfestsetzungs-beschluss**	2 Wochen – **Notfrist**	Zustellung des Kosten-festsetzungsbeschlusses
§ 274	**Einlassung**	2 Wochen	Zustellung der Klage
§ 217	**Ladung zum Termin**	Mindestens 1 Woche in Anwaltsprozessen Mindestens 3 Tage in Amtsgerichtsprozessen ohne Anwaltszwang	Zustellung der Ladung
§ 276	**Anzeige der Verteidigungs-absicht**	2 Wochen – **Notfrist**	Zustellung der Klage
§ 517	**Berufung**	1 Monat – **Notfrist**	Zustellung des Urteils in vollständiger Form
§ 520	**Berufungsbegründung**	2 Monate	Zustellung des Urteils in vollständiger Form
§ 548	**Revision**	1 Monat – **Notfrist**	Zustellung des Urteils in vollständiger Form
§ 551	**Revisionsbegründung**	2 Monate	Zustellung des Urteils in vollständiger Form
§ 569	**Sofortige Beschwerde**	2 Wochen – **Notfrist**	Zustellung der Entscheidung
§ 339	**Einspruch** gegen Versäumnisurteil	2 Wochen – **Notfrist**	Zustellung des Versäumnis-urteils
§ 700/§ 339	**Einspruch** gegen Vollstreckungsbescheid	2 Wochen – **Notfrist**	Zustellung des Vollstreckungsbescheids
§ 692	**Widerspruch** gegen den Mahnbescheid	2 Wochen	Zustellung des Mahn-bescheids
§ 234	**Wiedereinsetzung in den vorigen Stand**	2 Wochen seit dem Tage, an dem das Hindernis behoben ist (längstens 1 Jahr)	Behebung des Hindernisses/ Versäumung
§ 929	Vollzug von **einstweiligen Verfügungen** oder **Arrest**	binnen 1 Monat	Verkündung oder Zustellung (spätestens 1 Woche nach Vollziehung)
§ 320	**Berichtigung des Tatbestandes im Urteil**	2 Wochen	Zustellung des vollständigen Urteils
§ 321	**Ergänzung des Urteils**	2 Wochen	Zustellung des vollständigen Urteils
§ 575	**Rechtsbeschwerde**	1 Monat – **Notfrist**	Zustellung des Beschlusses

Anlage 3

	Januar	Februar	März	April	Mai	Juni
Wo	52 1 2 3 4 5	5 6 7 8 9	9 10 11 12 13	13 14 15 16 17	18 19 20 21 22	22 23 24 25 26
Mo	2 9 16 23 30	6 13 20 27	6 13 20 27	3 10 17 24	1 8 15 22 29	5 12 19 26
Di	3 10 17 24 31	7 14 21 28	7 14 21 28	4 11 18 25	2 9 16 23 30	6 13 20 27
Mi	4 11 18 25	1 8 15 22	1 8 15 22 29	5 12 19 26	3 10 17 24 31	7 14 21 28
Do	5 12 19 26	2 9 16 23	2 9 16 23 30	6 13 20 27	4 11 18 25	1 8 15 22 29
Fr	6 13 20 27	3 10 17 24	3 10 17 24 31	7 14 21 28	5 12 19 26	2 9 16 23 30
Sa	7 14 21 28	4 11 18 25	4 11 18 25	1 8 15 22 29	6 13 20 27	3 10 17 24
So	1 8 15 22 29	5 12 19 26	5 12 19 26	2 9 16 23 30	7 14 21 28	4 11 18 25

	Juli	August	September	Oktober	November	Dezember
Wo	26 27 28 29 30 31	31 32 33 34 35	35 36 37 38 39	39 40 41 42 43 44	44 45 46 47 48	48 49 50 51 52
Mo	3 10 17 24 31	7 14 21 28	4 11 18 25	2 9 16 23 30	6 13 20 27	4 11 18 25
Di	4 11 18 25	1 8 15 22 29	5 12 19 26	3 10 17 24 31	7 14 21 28	5 12 19 26
Mi	5 12 19 26	2 9 16 23 30	6 13 20 27	4 11 18 25	1 8 15 22 29	6 13 20 27
Do	6 13 20 27	3 10 17 24 31	7 14 21 28	5 12 19 26	2 9 16 23 30	7 14 21 28
Fr	7 14 21 28	4 11 18 25	1 8 15 22 29	6 13 20 27	3 10 17 24	1 8 15 22 29
Sa	1 8 15 22 29	5 12 19 26	2 9 16 23 30	7 14 21 28	4 11 18 25	2 9 16 23 30
So	2 9 16 23 30	6 13 20 27	3 10 17 24	1 8 15 22 29	5 12 19 26	3 10 17 24 31

Neujahrstag 1.1. - Hl. drei Könige* 6.1. - Karfreitag 14.4. - Ostersonntag 16.4. - Ostermontag 17.4. - 1.Mai 1.5. - Christi Himmelfahrt 25.5. Pfingstsonntag 4.5. - Pfingstmontag 5.6. - Fronleichnam* 15.6. - Maria Himmelfahrt* 15.8. -Tag der deutschen Einheit 3.10. - Reformationstag* 31.10. - Allerheiligen* 1.11. - Buß- und Bettag* 22.11. - Heiligabend 24.12. - Weihnachten 25-26.12. - Silvester 31.12.
(* nicht in allen Bundesländern)

LERNSITUATION 9: ANSCHRIFTENERMITTLUNG DURCHFÜHREN

Rechtsanwältin Teske kommt zu Ahmet und bittet ihn, sich noch einmal mit der Angelegenheit Tauber KG ./. Müller GmbH (siehe Lernsituation 7, Geltendmachung eines Anspruchs) auseinanderzusetzen. Die letzte Mahnung, die die Tauber KG an die Müller GmbH geschrieben hat, kam mit dem Vermerk „Empfänger unbekannt verzogen" zurück. Frau Teske beauftragt Ahmet mit der Recherche, die neue Anschrift der Firma Müller GmbH herauszufinden.

Arbeitsaufträge

1. Bilden Sie Gruppen und erstellen Sie ein Mind-Map darüber, wo man Informationen über Personen oder Firmen, vor allem deren Anschrift bekommen kann. Nehmen Sie dazu auch Ihren Informationsband, 1. Ausbildungsjahr, Lernfeld 4, Kapitel 2.3 „Informationsbeschaffung" zur Hilfe.
2. Strukturieren Sie die gesammelten Informationen, indem Sie die Tabelle vervollständigen. Bitte unterscheiden Sie zwischen natürlichen und juristischen Personen (Firmen).

Einholung von Auskünften (Anschriftenermittlung) über	
natürliche Personen	juristische Personen

3. Recherchieren Sie im Internet, wie hoch die Gebühren normalerweise für eine Melderegisterauskunft sind, z.B. unter www.stuttgart.de oder www.duesseldorf.de

4. Bei der Auskunft wird zwischen einer einfachen und einer erweiterten Auskunft unterschieden. Beschreiben Sie den Unterschied.

LERNSITUATION 10: ANWALTLICHES AUFFORDERUNGSSCHREIBEN ERSTELLEN

Rechtsanwältin Teske kommt und erklärt den Auszubildenden Petra Horch und Ahmet Ince, dass sie in der Angelegenheit Tauber KG, Office World ./. Müller GmbH nicht sofort einen Mahnbescheid beantragt, sondern auf Wunsch der Tauber KG erst nochmals die Zahlung anmahnt und mit einem gerichtlichen Klageverfahren drohen wird. Dadurch werden häufig die Schuldner veranlasst, freiwillig zu bezahlen. Dies ist dann für alle Beteiligten günstiger, denn der Gläubiger erhält schneller sein Geld, und für den Schuldner entstehen geringere Kosten als für ein gerichtliches Mahnverfahren. Sollten die Schuldner noch nicht im Zahlungsverzug sein, würden sie durch dieses Schreiben in den Verzug gesetzt.

Wichtig ist dabei, auch das Kostenrisiko für den Mandanten zu verkleinern. Sollte der Schuldner die Rechtsanwalts- und Gerichtskosten nicht zahlen können, haftet der Mandant.

Laut ZPO § 93 ist zudem geregelt, dass der Gläubiger bei Klageerhebung die Prozesskosten zu tragen hat, wenn der Schuldner durch sein Verhalten überhaupt keinen Anlass gegeben hat, dass man gegen ihn Klage erhebt.

Mit dem Mandanten muss aber abgesprochen werden, ob bei einer weiteren Zahlungsverweigerung Klage erhoben wird oder nicht. Dies hat Auswirkungen auf die Gebührenrechnung des Anwalts. Hat er keinen Klageauftrag, kann er eine Geschäftsgebühr mit dem Satz 1,3 abrechnen

Mit Klageauftrag berechnet er eine Verfahrensgebühr von 0,8, wenn der Schuldner noch vor Klageerhebung zahlt. Zahlt der Schuldner nicht, ist ab Klageeinreichung eine Verfahrensgebühr in Höhe von 1,3 fällig.

Arbeitsaufträge

1. Markieren Sie im oberen Text die Wirkungen eines anwaltlichen Aufforderungsschreibens und erstellen Sie eine Übersicht.

2. Erstellen Sie am PC zum Fall Tauber KG/Müller GmbH (Anlage) ein anwaltliches Aufforderungsschreiben. Nehmen Sie Ihr Buch, Lernfeld 4, Kapitel 2.5 zur Hilfe.

   Beachten Sie noch folgende Angaben:
   - Datum des Schreibens 27.06.20xx
   - Die Tauber KG hatte bereits mehrmals gemahnt.
     Komplementär: Walter Klug, Kommanditist: Georg Appel
   - Die neue Anschrift der Müller GmbH lautet laut EMA-Anfrage:
     - Laaker Straße 143, 47137 Duisburg.
     - Geschäftsführer der Müller GmbH ist Georg Norman
   - Die Verzugszinsen betragen bei Privatpersonen: 5 % über dem Basiszinssatz + Mahnkosten
   - Bei Firmen: 9 % über dem Basiszinssatz + 40,00 € Mahnpauschale.
   - Es wird eine Zahlungsfrist von 14 Tagen gesetzt.
     Nach „Vergütungsrechnung“ setzen sie folgende Berechnung ein:
     Gegenstandswert: 3.498,60

1,3 Geschäftsgebühr aus 3.498,60	gem. Nr. 2300 VV RVG	361,40
Post- und Telekommunikationspauschale	gem. Nr. 7002 VV RVG	20,00
Zwischensumme		381,40
19 % USt	gem. Nr. 7008 VV RVG	72,47
Gesamt		453,87

DR. SCHMIDT · GERBER & PARTNER
RECHTSANWÄLTE
Gesellschaft bürgerlichen Rechts

Dr. Schmidt · Gerber & Partner, Postfach 1 05 66 20, 40477 Düsseldorf

Ihr Zeichen:
Ihre Nachricht vom:
Unser Zeichen:
Unsere Nachricht vom:

Name:
Telefon: 0211 30303-0
Telefax: 0211 30303-33
E-Mail: nachname@schmidt-gerber.de

Datum:

Dr. Lothar Schmidt · Achim Gerber LL.M Private Health Management – Unternehmensnachfolge Erbrecht & Vermögen
Dr. Frauke Hansen – Fachanwältin für Familienrecht · Sebastian Gerlach – Fachanwalt für Erbrecht
Dr. Sina Hopfe – Fachanwältin für Familienrecht · Dr. Martin Schweighöfer – Fachanwalt für Erbrecht · Caroline Keller
Lindenstraße 20, 40477 Düsseldorf – E-Mail: zentrale@schmidt-gerber.de – Internet: www.schmidt-gerber.de
AB Bank – IBAN DE40 3005 0000 1234 5678 91 – BIC BELADED2RGV – Steuernummer: DE111111111

3. Erstellen Sie eine Checkliste über den Aufbau eines anwaltlichen Aufforderungsschreibens.

	❑
	❑
	❑
	❑
	❑
	❑
	❑
	❑

4. Lesen Sie nachfolgende Aktennotiz und beantworten Sie die anschließenden Fragen.

DR. SCHMIDT · GERBER & PARTNER
RECHTSANWÄLTE
Gesellschaft bürgerlichen Rechts

Notizen

Für:	Von:	Datum:

Leon Walter, Marie-Curie-Straße 65, 40625 Düsseldorf, kaufte am 03.01.20xx bei der CompuTec GmbH, Am Schmiedekotten 74, 40627 Düsseldorf, einen PC zum Preis von 2.500,00 €. Herr Walter nahm den PC sofort mit, die Bezahlung wurde laut Rechnung innerhalb von 7 Tagen mit Überweisung vereinbart.

Am 15.01.20xx stellte die Buchhalterin der CompuTec GmbH fest, dass Herr Walter die Rechnung (Rechnung Nr. BC 3201/xx) vom 03.01.20xx noch nicht bezahlt hat. Herr Walter erhielt eine Zahlungserinnerung und zwei Mahnschreiben. Nachdem er darauf nicht geantwortet hat, übergibt die CompuTec GmbH die Sache uns, als ihre Rechtsvertretung.

Die CompuTec GmbH wird durch den Geschäftsführer Kurt Mutig vertreten.

a) Wer ist in diesem Fall der Gläubiger, d. h. unser Mandant?

b) Wer vertritt unseren Mandanten?

c) Wer ist der Schuldner, d. h. der Gegner?

d) Berechnen Sie den tatsächlichen Zinssatz, den der Schuldner bezahlen muss, wenn derzeit der Basiszinssatz bei –0,88 % liegt.

e) Wie hoch sind in diesem Fall die gesetzlichen Verzugszinsen? Berechnen Sie die Zinsen bis zum heutigen Datum, 30.06.20xx. (Beachten Sie, dass die Verzugszinsen taggenau berechnet werden.)

Anlage

Tauber KG
OfficeWorld

Tauber KG OfficeWorld, Talstraße 144, 40217 Düsseldorf

Fa.
Müller GmbH
Herrn Georg Norman
Neusser Straße 67
50733 Köln

Ihre Ansprechpartnerin: Beate Vogt
Abteilung: Verkauf
Re-Nr. 2015/12
Telefon: 0221 894-13
Telefax: 0221 894-20
E-Mail: vogt@tauberkg-officeworld.de
Internet: www.tauberkg-officeworld.de

Datum: 10.03.20xx

Rechnung

Sehr geehrter Herr Norman,

wir berechnen für unsere Lieferung vom 10.03.20xx

Artikel-Nr.	Menge	Bezeichnung	Einzelpreis €	Gesamtpreis €
A-1501100	15	Bürostuhl – Standard	184,00	2.760,00
			Warenwert	2.760,00
			+ Frachtkosten	120,00
			+ Verpackung	60,00
				2.940,00
			19 % USt.	558,60
			Rechnungsbetrag	**3.498,60**

Bitte überweisen Sie den Betrag innerhalb von 30 Tagen ab Rechnungsdatum rein netto.

Freundliche Grüße

Tauber KG
OfficeWorld

Beate Vogt

i. A. Beate Vogt

Geschäftsräume
Talstr. 144
40217 Düsseldorf

E-Mail
info@tauberkg-officeworld.com
Internet
www.tauberkg-officeworld.com

Bankverbindung
Düsseldorfer Bank

IBAN: DE40 3609 0054 3777 8881 00
SWIFT-BIC: BELADED2RGV

Komplementär: Walter Klug, Kommanditist: Georg Appel,
Geschäftsführung: Walter Klug
Handelsregister A 56888 beim Amtsgericht Düsseldorf

LERNSITUATION 11: INFORMATIONSGESPRÄCH PRÜFEN

In der Kanzlei Dr. Schmidt, Gerber & Partner geht folgende E-Mail ein:

Eingang Gesendet Entwürfe

An: keller@schmidt-gerber.de 14.04.20xx, 09:22 Uhr
Kopie:
Betreff: Habe ich ein Recht auf Recht?
Von: Monika.Klein@mail.de

Sehr geehrte Frau Keller,

ich bin aufgrund einer Internet-Recherche auf Ihre Kanzlei gestoßen. Mein Nachbar, Herr Werner Rauch, hat mich über seinen Anwalt aufgefordert, für einen ihm entstandenen Schaden am Fahrzeug, den mein Sohn Carlos (4 Jahre) verursacht haben soll, einen Betrag in Höhe von 2.430,00 € zu bezahlen. Es müsse die ganze linke Seite seines Mercedes lackiert werden, weil mein Sohn mit seinem Dreirad daran vorbeigefahren sei. Herr Rauch behauptet, die Kratzer können nur von dem Dreirad kommen. Zeugen hierfür habe er jedoch keine.

Ich kann mir aber nicht vorstellen, dass der Schaden durch meinen Sohn oder dessen Dreirad verursacht wurde. Mein Sohn Carlos verlässt das Haus nie alleine und mir wäre sicherlich aufgefallen, wenn er auch nur in die Nähe des Mercedes gekommen wäre.

Als alleinerziehende Mutter verfüge ich leider nur über wenig Einkommen. Ich weiß nicht, wie ich gegen die Forderung vorgehen kann. Hierzu benötige ich professionelle Hilfe. Gibt es eine Möglichkeit, mich über mein Recht zu informieren bzw. die Korrespondenz mit dem Gegenanwalt für mich zu übernehmen, ohne dass hohe Anwaltskosten auf mich zukommen?

Es wäre schön, wenn Sie mich in einem persönlichen Gespräch über meine Rechte aufklären könnten.

Mit freundlichen Grüßen

Monika Klein

Köln

Arbeitsaufträge

1. Dem vorletzten Absatz der E-Mail der Mandantin ist zu entnehmen, dass Frau Klein aufgrund ihrer finanziellen Situation die Anwaltskosten nicht aus eigener Tasche bezahlen kann. Frau Rechtsanwältin Keller bittet Sie, für das morgige Mandantengespräch eine Übersicht zu erstellen, aus welcher ersichtlich ist, welche Möglichkeiten für finanziell schlechter gestellte Menschen zur Verfügung stehen, ohne Kostenrisiko zu ihrem Recht zu gelangen.

Beratungshilfe	
Wird gewährt für:	

Beratungshilfe	
Erstreckt sich auf:	
Umfasst:	
Voraussetzung:	
Ablauf:	
Kosten, die der Antragsteller zu übernehmen hat:	

Fortsetzung der Lernsituation:

Nachdem am 15.04.20xx das Gespräch zwischen Rechtsanwältin Keller und Monika Klein stattgefunden hat, begibt sich Frau Klein sofort am nächsten Tag zum Amtsgericht Köln und beantragt die Gewährung von Beratungshilfe. Das Amtsgericht stellt nach Prüfung der Unterlagen und Darstellung des Sachverhalts einen Berechtigungsschein zu dem gerichtlichen Aktenzeichen 3 BHG 48/xx aus. Frau Klein bringt den Berechtigungsschein noch am selben Tag in die Kanzlei Dr. Schmidt, Gerber & Partner. Danach findet eine umfangreiche Korrespondenz zwischen den beiden Anwälten statt. Werner Rauch verzichtet sodann auf die weitere Geltendmachung seines Schadens gegenüber Frau Monika Klein und meldet den Schaden seiner Vollkaskoversicherung, die den Schaden ersetzt.

Daten der Beteiligten:
Monika Klein, Blumenbergsweg 121, 50769 Köln
Werner Rauch, Blumenbergsweg 123, 50769 Köln
Amtsgericht Köln, Luxemburger Straße 101, 50939 Köln (Aktenzeichen: 3 BHG 48/xx)
Der Vorgang wird in der Kanzlei unter dem Aktenzeichen 02941/xx CK bearbeitet.

2. Frau Rechtsanwältin Keller bittet Sie, die Festsetzung der Vergütung für die Kanzlei Dr. Schmidt, Gerber & Partner mittels hierfür vorgesehenen Formblatts zu beantragen.

Antrag auf Festsetzung der Vergütung bei Beratungshilfe

Antragsteller
(Stempel des Rechtsanwalts/ der Rechtsanwältin oder sonstigen Beratungsperson)

Geschäftsnummer des Amtsgerichts
(Berechtigungsschein)

Amtsgericht ______________________

____
Postleitzahl, Ort

Eingangsstempel des Amtsgerichts

Ich habe Beratungshilfe gewährt Herrn/Frau	in der Zeit vom / am
Anschrift (Straße, Hausnummer, Postleitzahl, Ort)	

☐ Der Berechtigungsschein im Original oder ☐ der Antrag auf nachträgliche Bewilligung der Beratungshilfe ist beigefügt.

Über die in Nr. 2500 VV RVG bestimmte Gebühr hinaus habe ich Zahlungen von einem Dritten

☐ nicht erhalten ☐ in Höhe von __________ EUR enthalten.

Ist der Gegner verpflichtet, die Kosten zu erstatten (§ 9 BerHG i. V. m. § 59 Abs. 1, 3 RVG)?

☐ nein ☐ ja; Name und Anschrift sowie die Begründung der Erstattungspflicht ergeben sich aus der Anlage.

Ist die Beratung oder die Vertretung in ein gerichtliches Verfahren / (weiteres) Verwaltungsverfahren in diesem Mandat übergegangen (Abs. 2 der Anmerkungen zu den Nummern 2501 oder 2503 VV RVG)?

☐ nein ☐ ja, und zwar bei (Gericht/Behörde, Ort, Aktenzeichen): ______________________

Ich beantrage, nachstehend berechnete Gebühren und Auslagen, deren Entstehung ich versichere, festzusetzen und auszuzahlen durch Überweisung auf das Konto IBAN-Nr.: ______________________

BIC: __________ **zum Geschäftszeichen** ______________________

Ort, Datum ______________________ Rechtsanwalt / Rechtsanwältin / sonstige Beratungsperson ______________________

Kostenberechnung (nach RVG)			**Dieses Feld bitte nicht ausfüllen**
Bezeichnung	**Vergütungsverzeichnis Nummer(n)**	**Betrag EUR**	**festzusetzen auf EUR**
Beratungsgebühr	2501		
	2502		
Geschäftsgebühr *Meine Tätigkeit bestand in:*	2503		
Einigungs- und Erledigungsgebühr *Inhalt bzw. Darstellung der Erledigung ergeben sich aus der Anlage*	2508		
Entgelte für Post- und Telekommunikationsdienstleistungen	Einzelberechnung 7001		
	Pauschale 7002		
Dokumentpauschale (Seiten à 0,50 EUR, Seiten à 0,15 EUR)	7000		
	Summe		
Umsatzsteuer auf die Vergütung	7008		
	Summe		
Abzüglich Zahlungen gemäß § 9 BerHG i. V. m. § 58 Absatz 1 RVG; § 55 Absatz 5 Satz 3 RVG			
zu zahlender Betrag			

041_055
02.2014

LERNFELD 4

Übungsaufgaben:

1. Die einkommens- und vermögenslose Claudia Töpfer übergibt in dem Besprechungstermin zwei Berechtigungsscheine für die Beratungshilfe und beauftragt Rechtsanwältin Dr. Sina Hopfe mit der außergerichtlichen Geltendmachung des Kindesunterhalts für ihre zwei Kinder in Höhe von monatlich jeweils 250,00 € sowie Ehegatten-Trennungsunterhalt in Höhe von monatlich 700,00 €. Rechtsanwältin Dr. Sina Hopfe schreibt den Ehemann diesbezüglich an. Nach Erhalt des anwaltlichen Schreibens meldet sich Herr Töpfer telefonisch bei Rechtsanwältin Dr. Hopfe und teilt mit, mit der Höhe des Kindesunterhaltes einverstanden zu sein, bezüglich des Ehegatten-Trennungsunterhaltes einigt man sich auf monatliche Zahlungen in Höhe von 500,00 €.

   Welche Ansprüche der Rechtsanwältin Hopfe bestehen gegenüber der Staatskasse?

2. Der Mandant Carsten Borke erscheint in der Kanzlei Dr. Schmidt, Gerber & Partner mit einem Berechtigungsschein und bittet Rechtsanwältin Miriam Teske um Beratung in einer Mietangelegenheit. Eine weitere Tätigkeit ist nicht erforderlich. Welche Vergütung kann Rechtsanwältin Teske insgesamt abrechnen?

LERNSITUATION 12:
EINFACHE VERGÜTUNGSABRECHNUNG PRÜFEN

Nach Vereinbarung eines Besprechungstermins kommt heute Silvia Hacke in die Kanzlei Dr. Schmidt, Gerber & Partner. Sie übergibt Rechtsanwältin Caroline Keller eine Rechnung der Rechtsanwaltskanzlei Jochen Hoch und Kollegen, die die Eheleute Hacke gegen ihre früheren Mieter, die Eheleute Anton und Berta Jungmann in einer Mietangelegenheit vertreten hat, mit der Bitte, diese auf Richtigkeit zu überprüfen, da ihr der Rechnungsbetrag – vor allem aber auch der in Ansatz gebrachte Gegenstandswert – unangemessen hoch erscheint.

Rechtsanwaltskanzlei
Jochen Hoch und Kollege

RAe Jochen Hoch und Kollegen, Blumenstraße 2, 50670 Köln

Eheleute
Silvia und Martin Hacke
Mathildenstraße 7
40239 Düsseldorf

Köln, den 15.03.20xx

Eheleute Hacke ./. Anton und Berta Jungmann
Unser Aktenzeichen: 714/xx JH/gc

Vergütungsrechnung Nr. 265/xx

Außergerichtliche Geltendmachung von Forderung aus Mietvertrag
Räumung der Wohnung und Zahlung Mietrückstände für drei Monate
Monatliche Miete: 600,00 € + 80,00 € Nebenkostenvorauszahlung
Leistungszeit: 11.01.20xx bis 15.03.20xx

Gegenstandswert: bis 13.000,00 €

1,6 Geschäftsgebühr, §§ 2, 13, 14 RVG i. V. m. Nrn. 2300, 1008 VV RVG	1.065,60 €
Post- und Telekommunikationspauschale, Nr. 7002 VV RVG	20,00 €
Kosten für Einwohnermeldeamtsanfrage	13,50 €
Zwischensumme:	1.099,10 €
19 % Umsatzsteuer, Nr. 7008 VV RVG	208,83 €
Rechnungsbetrag	**1.307,93 €**

Bitte überweisen Sie den Betrag bis zum 29. März 20xx auf unser Bankkonto.

Jochen Hoch
Rechtsanwalt

Arbeitsaufträge

1. Rechtsanwältin Keller erteilt der Auszubildenden Maria Weber die Aufgabe, die von der Mandantin übergebene Vergütungsrechnung der Anwaltskanzlei Hoch und Kollegen bezüglich des in Ansatz gebrachten Gegenstandswertes sowie der Berechnung selbst zu überprüfen.

	Prüfung	Ergebnis
Alle notwendigen Angaben gem. UStG und RVG enthalten?		
Gegenstandswert		
Geschäftsgebühr		
Post- und Telekommunikations-pauschale		
Kosten für Einwohnermeldeamts-anfrage		
Umsatzsteuer		

2. Nach Rechnungsprüfung bittet Rechtsanwältin Keller die Auszubildende Maria Weber, der Mandantin in einem Schreiben das Ergebnis der Prüfung mitzuteilen und zu erläutern.

DR. SCHMIDT · GERBER & PARTNER
RECHTSANWÄLTE
Gesellschaft bürgerlichen Rechts

Dr. Schmidt · Gerber & Partner, Postfach 1 05 66 20, 40477 Düsseldorf

Ihr Zeichen:
Ihre Nachricht vom:
Unser Zeichen:
Unsere Nachricht vom:

Name:
Telefon: 0211 30303-0
Telefax: 0211 30303-33
E-Mail: nachname@schmidt-gerber.de

Datum:

Dr. Lothar Schmidt · Achim Gerber LL.M Private Health Management – Unternehmensnachfolge Erbrecht & Vermögen
Dr. Frauke Hansen – Fachanwältin für Familienrecht · Sebastian Gerlach – Fachanwalt für Erbrecht
Dr. Sina Hopfe – Fachanwältin für Familienrecht · Dr. Martin Schweighöfer – Fachanwalt für Erbrecht · Caroline Keller
Lindenstraße 20, 40477 Düsseldorf – E-Mail: zentrale@schmidt-gerber.de – Internet: www.schmidt-gerber.de
AB Bank – IBAN DE40 3005 0000 1234 5678 91 – BIC BELADED2RGV – Steuernummer: DE111111111

LERNSITUATION 13:
GEBÜHREN FÜR RAT UND AUSKUNFT ABRECHNEN

Die Auszubildende Maria Weber ist in der Kanzlei Dr. Schmidt, Gerber & Partner zwischenzeitlich auch mit den eingehenden Telefongesprächen betraut worden. Sie hat bemerkt, dass neue Mandanten meist zuerst den Preis für ein Beratungsgespräch wissen möchten, bevor ein Termin mit dem zuständigen Rechtsanwalt der Kanzlei vereinbart wird. Maria Weber informiert sich bei der Bürovorsteherin Kirsten John bezüglich der Abrechnung in Beratungsangelegenheiten. Da Kirsten John mit einem Diktat, welches über 200 Minuten geht (Berufungsbegründung in Sachen Cool ./. Heiß) beschäftigt ist, kann sie nicht sofort Auskunft geben.

Kirsten John verweist Maria Weber auf § 34 RVG und bittet sie, den Paragrafen durchzuarbeiten und eine Übersichtstabelle zu erstellen.

Arbeitsauftrag

Helfen Sie Maria Weber bei der Lösung der ihr übertragenen Aufgabe.

§ 34 Absatz 1 Satz 1 RVG	§ 34 Absatz 1 Satz 2 RVG:	§ 34 Absatz 1 Satz 3 RVG:

LERNFELD 4

§ 34 Absatz 2 RVG:

Fortsetzung der Lernsituation

Nachdem Maria Weber am Nachmittag die Übersichtstabelle mit Kirsten John besprochen hat, übergibt Frau John einige Beratungsakten zur Erstellung der Vergütungsrechnung:

Beratungsakte ABC GmbH	
Der Geschäftsführer hat sich von Rechtsanwältin Miriam Teske wegen einer durch seinen Auftraggeber nicht ausgeglichenen Rechnung in Höhe von 15.321,00 € beraten lassen. Eine Vergütungsvereinbarung wurde nicht geschlossen. Zwei Wochen später hat der Geschäftsführer erneut angerufen und sich in einer Familiensache telefonisch beraten lassen. Auch hier wurde keine Vereinbarung geschlossen.	

Beratungssache Rudi Raser	
Mandant Rudi Raser hat einen Gebrauchtwagen für 3.800,00 € gekauft. Nachdem er hiermit sehr unzufrieden ist, lässt er sich von Rechtsanwältin Teske dahingehend beraten, welche Möglichkeiten bestehen, vom Kaufvertrag zurückzutreten. Rechtsanwältin Teske fasst den Inhalt des Beratungsgespräches in einem Schreiben an den Mandanten kurz zusammen. Es wurde eine Vergütung für die Beratung in Höhe von 200,00 € mit dem Mandanten vereinbart.	

Beratungsakte Olaf Student	
Mandant Olaf Student hat sich am 2. März 2017 von Frau Rechtsanwältin Teske in einer erbrechtlichen Angelegenheit (30.000,00 €) ausführlich beraten lassen. In einem weiteren Telefongespräch hat er von Frau Rechtsanwältin Teske weitere Auskünfte hierzu erhalten. Es wurde keine Vergütungsvereinbarung geschlossen. Die maximale Vergütung für die Beratung soll abgerechnet werden.	

Beratungshilfesache Vera Haller	
Die Mandantin Vera Haller erscheint in der Kanzlei mit einem Berechtigungsschein und bittet Frau Rechtsanwältin Teske um Beratung in einer Mietangelegenheit. Eine weitere Tätigkeit war nicht erforderlich. Vergütung Rechtsanwältin Teske?	

LERNSITUATION 14: GESCHÄFTSGEBÜHR FÜR AUSSERGERICHTLICHE TÄTIGKEIT EINSCHLIESSLICH EINIGUNGSGEBÜHR BERECHNEN

Nachdem die Auszubildende Maria Weber in der Kanzlei Dr. Schmidt, Gerber & Partner die Erstellung der Kostenrechnungen in Beratungsangelegenheiten sicher beherrscht, wurde sie von Frau Kirsten John in die Abrechnung der außergerichtlichen Tätigkeit der Rechtsanwälte eingewiesen. Frau John legt Maria Weber hierzu diverse Akten vor, die noch in dieser Woche abzurechnen sind .

Arbeitsauftrag

Unterstützen Sie Maria bei ihrer Aufgabe der Abrechnung der außergerichtlichen Tätigkeiten.

Moritz Klein ./. Hans Groß, Forderungsbeitreibung aus Kaufvertrag in Höhe von 4.500,00 €		
12.01.20xx	Mandatsannahme und Aktenanlage	
13.01.20xx	Außergerichtliche Zahlungsaufforderung an Hans Groß mit Fristsetzung zum 27.01.20xx	
25.01.20xx	Zahlungseingang in Höhe des geforderten Betrages von Hans Groß	

Michael Guth ./. Constanze Braun, Forderungsbeitreibung aus Werkvertrag in Höhe von 3.999,00 € nebst Mahnkosten in Höhe von 15,00 €		
13.01.20xx	Mandatsannahme und Aktenanlage	
16.01.20xx	Außergerichtliche Zahlungsaufforderung an Constanze Braun mit Fristsetzung zum 30.01.20xx	

LERNFELD 4

18.01.20xx	Telefonat zwischen Rechtsanwalt Dr. Jan Klein und Constanze Braun	
20.01.20xx	Besprechung in der Kanzlei Dr. Schmidt, Gerber & Partner mit allen Beteiligten	
	Einigung auf Zahlung von 2.900,00 €	
26.01.20xx	Zahlungseingang auf dem Kanzleikonto	

Eheleute Grün ./. Margot Grau, Räumung der Wohnung (monatl. Miete: 650,00 €, Nebenkosten pauschal monatl.: 150,00 €)		
17.01.20xx	Mandatsannahme und Aktenanlage	
18.01.20xx	Außergerichtliche Aufforderung an Margot Grau, die bereits zum Ende des letzten Monats gekündigte Wohnung umgehend zu räumen und die Wohnungsschlüssel herauszugeben.	
30.01.20xx	Frau Grau hat die Wohnung vollständig geräumt und gibt die Wohnungsschlüssel in der Kanzlei Dr. Schmidt, Gerber & Partner ab.	

Koch ./. Traub, Forderung aus unerlaubter Handlung in Höhe von 6.380,00 €		
02.02.20xx	Mandatsannahme, Beratungsgespräch mit dem Mandanten und Aktenanlage	
03.02.20xx	Schreiben an den Mandanten mit kurzer Zusammenfassung des Beratungsgespräches	
06.02.20xx	Mandant bittet telefonisch um Rechnung für das Beratungsgespräch	
06.02.20xx	Rechnung über Erstberatungsgebühr (190,00 €) zzgl. Auslagen an Mandant	
21.02.20xx	Mandant überweist den Rechnungsbetrag und bittet, außergerichtlich gegen Frau Traub vorzugehen	
22.02.20xx	Aufforderung zur Zahlung des Forderungsbetrages sowie der Anwaltsvergütung mit Fristsetzung zum 08.03.20xx	
03.03.20xx	Zahlungseingang des geforderten Betrages auf dem Kanzleikonto	
09.03.20xx	Weiterleitung des Fremdgeldbetrages an Mandanten unter Abzug der hierfür entstehenden Hebegebühr	

Gudrun Lieb ./. Gabi Knoll, Räumung der Wohnung und Zahlung rückständige Miete für die Monate Oktober bis Dezember des vergangenen Jahres (monatl. Miete: 550,00 €, Nebenkostenvorauszahlung monatl.: 75,00 €)		
13.01.20xx	Mandatsannahme und Aktenanlage	
16.01.20xx	Außergerichtliche Aufforderung zur Räumung der Wohnung und Zahlung der offenen Mietforderung mit Fristsetzung zum 30.01.20xx	
30.01.20xx	Besprechung mit allen Beteiligten in der Kanzlei Dr. Schmidt, Gerber & Partner Einigung dahingehend, dass die Wohnung zum 15.02.2017 geräumt wird. Auf die offene Mietforderung bezahlt Frau Knoll einen Betrag in Höhe von 1.500,00 €. Damit erledigt sich die Angelegenheit	
15.02.20xx	Wohnungs- und Schlüsselübergabe	

Rosa Knapp ./. Agnes Mohn, Forderungsabwehr aus Kaufvertrag in Höhe von 10.450,00 €		
12.01.20xx	Mandatsannahme und Aktenanlage	
13.02.20xx	Schreiben an Frau Mohn unter Hinweis auf von Mandantin am 21.01.20xx getätigte Überweisung des geforderten Betrages	
17.02.20xx	Eingang eines Schreibens von Frau Mohn mit Bestätigung des Zahlungseinganges am 22.01.20xx	

Sonja König ./. Richard Graf, Schadensersatzanspruch aus Unfallschaden in Höhe von 2.600,00 €		
10.02.20xx	Mandatsannahme und Aktenanlage	
13.02.20xx	Außergerichtliche Zahlungsaufforderung an Richard Graf mit Fristsetzung zum 27.02.20xx	
13.02.20xx	Bitte um Übersendung der Ermittlungsakte bei dem zuständigen Ordnungsamt	
20.02.20xx	Eingang eines Schreibens von Rechtsanwalt Brink, der sich für Richard Graf meldet.	
23.02.20xx	Eingang der Ermittlungsakte, Fertigung von 63 Schwarz-Weiß-Kopien und Rücksendung der Akte	
24.02.20xx	Überweisung der Aktenversendungspauschale in Höhe von 12,00 € an das Ordnungsamt	
24.02.20xx	Besprechung mit allen Beteiligten in der Kanzlei von Rechtsanwalt Brink (Köln) (Düsseldorf–Köln: 44 km; Abwesenheit von Kanzlei: 3,5 Stunden)	
03.03.20xx	Zahlungseingang in Höhe von 2.600,00 € auf dem Konto des Mandanten	